송가네 공부법

자기주도적 읽기방법

송가네 공부법

자기주도적 읽기방법

송하성 지음

송가네 공부법 : 자기주도적 읽기방법

발행일 2011년 11월 30일 1쇄 발행

저자 송하성
발행인 강학경
발행처 ㈜시그마프레스
편집 이상화
교정·교열 문수진

등록번호 제10−2642호
주소 서울특별시 마포구 성산동 210−13 한성빌딩 5층
전자우편 sigma@spress.co.kr
홈페이지 http://www.sigmapress.co.kr
전화 (02)323−4845~7(영업부), (02)323−0658~9(편집부)
팩스 (02)323−4197

ISBN 978−89−5832−998−5

모든 공부는 '읽기'로부터……

2010년 끝자락에 이 세상의 모든 자녀들이 꿈을 이루는 데 도움이 되고자 『송가네 공부법』을 출간했다. 『송가네 공부법』은 우선 꿈 자체가 없는 아이들에게 꿈을 주고자 애썼다. 그리고 그 꿈이 실현 가능하도록 공부에 몰입하도록 도왔다. 『송가네 공부법』이 아이들에게 왜 공부를 해야 하는지, 어떻게 공부를 해야 하는지, 누구든지 노력한다면 꿈을 이룰 수 있다는 교훈을 주었다면, 『송가네 공부법 : 자기주도적 읽기 방법』은 각 학년에 맞는 읽기의 중요성과 읽기 방법을 가르치는 데 있다.

필자는 『송가네 공부법』에서 '이해-정리-암기'라는 순서를 강조했다. 이해가 되지 않으면 정리가 안 되고 암기는 더더욱 안 된다. 이해가 바로 '읽기'이며 공부의 기초이다. '중학교에 올라가면 1학년 1학기 중간고사 성적이 3학년까지 간다.'는 말이 있다. 그래서 학생들은 학원을 다니고 고액 과외를 하면서 전쟁 같은 첫 시험을 치른다. 그러나 대다수의 학생들은 그 결과에 만족스러워 하지 않는다. 주위의 상위권 학생들을 보면 특별한 방법은 따로 없고 책을 열심히 읽는 것을 강조할 뿐이다. 그래서 부모님들은 많은 책을 읽을 수 있도록 지원해 주고 따라 해 보지만 만족스러운 효과를 보지 못한다. 그 이유는 제대로 된 읽기 방법을 모르기 때문이다.

학교 교사들을 만나면 '시험문제를 출제할 때 교과서 내용을 기본으로 하되 어휘를 약간 달리 하고 서술형의 문제로 바꾸거나 새로운 지문을 제시하면 평소에 상위권을 유지하던 아이들도 성적이 떨어진다.'고 한다. 만약 우리 아이가 이런 경우라면 그것은 수준이나 연령, 지능에 맞는 읽기 학습이 제대로 되어 있지 않을 확률이 높다. 제대로 된 읽기 방법은 아이들의 학습능력을 향상시킬 뿐만 아니라 글을 읽는 데 있어서 능동적인 독해자로 성장시켜 주기 때문이다.

　이 책은 단순히 읽기 위한 방법을 가르치지 않는다. 아이들이 교과서에 실려 있는 몇 편의 글만을 잘 이해하는 것이 아니라 어떤 책을 읽더라도 '자기주도적 읽기 방법'을 활용하여 글을 정확하게 이해하고 내용을 효과적으로 습득할 수 있게 구성되어 있다. 따라서 책에서 소개된 전략 방법들 — 내적 대화, 배경지식 활용하기, 질문하기, 그려 보기, 추론하기, 요약하기, 종합하기 등 — 을 활용하여 글을 읽는다면 아이들은 보다 쉽게 글을 이해하는 능동적인 독해자로 성장하고 성적의 향상도 기대할 수 있을 것이다. 또한 읽기 방법을 몰라 고민했던 아이들과 효과적인 읽기 학습법을 원했던 교사, 부모님들에게 큰 도움이 될 것이다.

　이 책이 나오기까지 '자기주도적 읽기 방법'으로 수업한 내용들을 참고할 수 있도록 도와준 경기대학교 미래독서연구소의 김태옥 소장님과 김민서 부소장님, 수석연구원이신 김혜숙, 김혜정, 서미숙 선생님께 깊은 감사의 뜻을 전한다.

저자 송하성

읽기의 방법을 알면 성적이 오른다!

지난 여름, 호주에 다녀온 고등학교 2학년 된 딸의 이야기이다.

호주에서 텔레비전을 보는데 '믿거나 말거나' 라는 프로그램에 한국의 아이들이 학교와 학원에서 늦은 밤까지 공부하는 장면이 나왔고 이 장면을 본 홈스테이 맘과 딸은 "어머나! 밤 열 시까지 학교에 남아서 공부를 한다고? 다정아, 너희 나라에서는 정말 저렇게 늦게까지 학교에서 공부를 하니? 정말이야?" 라고 말하며 이해할 수 없다는 듯, 고개를 갸웃거리며 딸아이를 쳐다보아 아주 난감했다고 한다.

그렇다. 이것이 우리나라 아이들의 현실이다. 하지만 늦은 시간까지 공부를 많이 해도 성적이 오르지 않고 학원이나 개인 과외를 받아도 성적은 매일 제자리를 맴돈다. 그래서 이런 저런 이유로 아이들은 지쳐만 가고 부모님들의 잔소리는 지칠 줄 모르고 계속된다.

내 친구 아이들의 경우도 다른 아이들과 비교해 보면 그 아이들이 학원을 다니는 것도 아니고 족집게 과외를 하는 것도 아닌데 전교 1, 2등을 한다. 이 아이들은 어렸을 적부터 책을 많이 읽었다는 공통점을 가지고 있다.

그렇다면 우리 아이가 책을 읽지 않았는가? 그렇지 않다. 머리가 나쁜가? 아니다.

그래서 언제부터, 왜 이런 현상들이 일어난 것일까 생각을 한다.

가장 결정적인 요소는 바로 '읽기 방법' 의 문제이다. 읽기는 글이 학습의 대상이 되는 국어뿐만 아니라 수학, 영어, 사회, 과학 등 모든 교과를 이해하기 위한 필수적인 능력이다. 모든 교과는 글 읽기가 되지 않으면 학습할 수 없기 때문이다. 제대로 된 읽기 방법은 학생들의 학습능력을 향상시킬 뿐만 아니라 능동적인 독해자로 성장시켜 준다. 그래서 모든 공부의 출발점은 책 읽기로부터 시작된다고 말할 수 있다.

　그런 의미에서『송가네 공부법 : 자기주도적 읽기 방법』은 학생들에게 다양한 읽기 방법의 전략을 소개하여 문장, 단락, 텍스트를 더 잘 이해할 수 있도록 돕는다. 나아가 글이 전달하는 내용을 분석하고 적용하여 비판할 수 있는 능력까지 길러 준다. 또한 아이들의 읽기 교육에 관심을 갖고 지도하실 교사나 부모님들에게 많은 도움이 될 것이다.

　그동안 아이가 공부를 한 시간에 비해 성적이 오르지 않았다면, 교사나 부모는 이 책을 활용하여 읽기의 중요성을 충분히 인식하고 읽기 방법을 지도한다면 아이들은 차츰 읽기에 자신감을 갖게 되고 성적도 오르게 될 것이다.

경기대학교 미래독서연구소장 김태옥

contents

내적 대화

내적 대화란?

글을 읽을 때 마음속에 떠오르는 생각을 글로 표현해 보는 읽기 방법이다.

글을 읽다 보면 다양한 생각들이 떠오른다. 어떤 글에서는 스스로에게 질문을 하기도 하고, 어떤 글에서는 자신이 알고 있던 사실과 연결해 보기도 한다. 이렇게 글을 읽는 동안 일어나는 학생의 반응을 내적 목소리라고 한다.

내적 목소리는 학생들로 하여금 자신의 독해를 점검하게 한다. 내적 대화란 이러한 내적 목소리를 학생 스스로 인식하고 표현해 보는 활동이다. 따라서 내적 대화는 생각과 글을 연결하여 읽음으로써 집중력과 사고력을 키울 수 있는 자기주도적 읽기의 기초가 된다.

집중이

난만이

1 글을 읽기 전, 학생들에게 '내적 대화' 전략이 무엇인지 설명해 준다.

2 학생들의 전략 활용을 돕기 위해 교사는 예문을 통해 먼저 시범을 보여 준다.

3 학생들에게 어떤 생각이라도 자유롭게 표현할 수 있다는 사실을 말해 준다. 그래서 독해를 하는 데 문제점이 있는 학생들은 그들의 문제가 무엇인지 스스로 발견할 수 있도록 도와준다.

🐝 tip 여기서 '어떤 생각'이란 독해를 방해하는 잡념도 포함된다.

4 학생들 중에는 머릿속에 떠오르는 생각이 많아 여백이 부족한 경우도 있을 것이다. 그런 학생들을 위해 접착식 메모지를 따로 준비하여, 학생들의 생각을 충분히 적을 수 있도록 한다.

'내적 대화' 적용 방법

1 글을 읽으면서 마음속에 떠오르는 생각이 있다면 읽는 것을 잠시 멈춰 본다.

2 생각을 떠올리게 한 단어, 구, 절, 문장 등에 밑줄을 그어 표시한다. 그런 후 밑줄 그은 곳과 가까운 여백에 떠오른 생각을 글로 표현해 본다.

3 지문을 다 읽을 때까지 1, 2번 활동을 반복한다.

4 지문을 다 읽은 후, 여백에 쓴 것을 친구와 함께 돌려 보며 읽어 본다.

5 읽은 내용 중 발표할 주제 몇 가지를 선정해서 이야기를 나눠 본다.

6 활동이 마무리되면, 오늘 수업을 평가해 본다.

읽기 방법 미리 보기

1 다음은 '내적 대화'를 활용한 예입니다. 아래 자료를 통해 '내적 대화' 전략 방법을 알아보세요.

🌸 다음 글을 읽으면서 마음속에 떠오르는 생각을 여백에 표현해보세요.

다양한 문화 이해

문화란 진리를 추구하고, 끊임없이 향상하려고 하는 인간의 정신적 활동이다. 역사가 시작된 이래, 사람들은 특수한 환경과 상황에 적응하면서 각자 나름대로 사는 방식을 개발해왔다. 이런 활동들은 인간 사회의 고유한 가치와 문화를 지니게 되었으며, 여기에 환경과 역사 등을 반영하여 형성된 것을 우리는 '문화의 다양성'이라 부른다.

예를 들어 일반적으로 제일 많이 통용되는 세계 인사법은 악수이다. 하지만 각 나라마다 표현에 조금씩 차이가 있으며, 의미도 다양하다. 중남미에서는 여성과 악수할 때, 손등에 입을 맞춘다. 유럽 일부 국가는 상대방을 아는 정도에 따라 손에 힘을 주는 강도를 달리한다. 악수 외에도 폴리네시안(마오리족)에서는 코를 비비는 인사를 한다. 포옹을 하거나 양 볼에 키스하며 서로의 안부를 묻는 나라들도 있다. *[여백 메모: 마음에서 전해진 것으로 무게가 없다는 뜻]*

우리나라나 중국, 일본 등 아시아 유교 영향권 나라에서는 고개를 낮추어 허리를 숙이는 목례로 인사를 표현한다. 이때, 상대가 나이가 많거나 윗사람일 때는 먼저 인사를 하거나 고개를 더 숙이는 것으로 예를 표한다. *[여백 메모: 예의 바른 동양사람 ^^]*

이와 달리 탄자니아의 마사이족은 만나거나 헤어질 때 상대방에 대한 존경과 친근감의 표시로 얼굴에 침을 뱉는다. 갓 태어난 아이에게도 축복과 행운의 의미로 침을 뱉고, 상거래를 하는 장사꾼들도 상호간의 공정을 위해서 다 같이 침을 뱉는다. 그러나 이런 표현은 세계 다른 나라 사람들에게는 무척 무례한 행동으로 비춰질 수 있다. 그 나라 고유의 환경과 상황을 모르는 사람들에게 이 같은 행동을 취한다면, 이해하기 힘든 문제가 발생할 수 있다. *[여백 메모: 왠지 좀 더럽다… 예의에 어긋나는 행동 같은데?]* *[여백 메모: 그런 문화를 가지고 있는 나라를 방문하면 알고 가야겠군]*

이는 다른 나라 문화를 제대로 이해하기보다, 자국 문화의 가치 판단을 기준으로 삼아 다른 문화를 평가하는 '문화 절대주의'로 나타날 수 있다. 문화 절대주의는 자국 문화의 우월성을 확대 해석하여 타국 문화를 무시하거나 배척하는 태도를 말한다. 그 대표적인 예가 서양인들이 동양인들을 보는 시각인 '오리엔탈리즘'이다. *[여백 메모: 서양사람들]* *[여백 메모: 다른 나라 문화는 이해해주어야지!]*

오리엔탈리즘은 서양 제국주의 시절, 동방 나라 정복을 위해 동양 학문에 관심을 가지면서 생겨났다. 그들은 동양인들이 서양인들보다 비이성적이고 비합리적이며 미개하다고 생각했다. 또 동방은 신비하고 주술적인 세계에 빠져있는 비과학적인 문화를 형성하고 있다고 믿고 있다. 이런 그들의 지나친 자국 중심 사상은 아직도 일부에선 왜곡된 '백인 우월주의' 시각으로 이어지고 있다.

또 다른 예로 중국의 중화사상을 들 수 있다. 오랜 옛날부터 중국 한족(漢族)은 중국 문화가 최고이며, 모든 것이 중국을 중심으로 해서 사방에 퍼져나간다고 생각했다. 그래서 중화 문물이 세계의 중심이자 가장 우월한 문명이라 생각했으며, 다른 민족은 야만족이나 오랑캐로 취급하였다. 이는 서양의 서구중심주의와 동일한 문화 절대주의에서 오는 병폐라 말할 수 있다. *[여백 메모: 또 다른 나라의 문화는 같다.]* *[여백 메모: 우리나라가 마오의 문화를 볼 때]*

이와 달리 자신이 속한 문화보다 다른 사회의 문화가 더 우수하다고 숭상하는 '문화사대주의'도 있다. 이들은 자국 문화에 대해선 열등의식을 지닌다. 그러면서 선진국 문화에 대해서는 무조건적으로 높게 평가하고 선호하는 모습을 보인다. 그 대표적인 예가 바로 '영어지상주의'이다. 어릴 때부터 영어 유치원이나 사설 학원을 보내면서 모든 교육의 중심에 영어를 둔다. 이는 조기유학이라는 우리 사회의 문제를 낳게 하였으며, '한글 경시 풍조'까지 낳는 현상을 가져오고 있다. 또 서구인의 체형을 따라하는 성형 수술 바람은 외모 지상주의를 낳아 우리 사회의 또 다른 병폐로 자리 잡고 있다. *[여백 메모: 한글이 더 좋고 바른데? 쉽던데…]* *[여백 메모: 자신의 본래 모습을 갖고 개성을 추구하자]*

이처럼 '문화 절대주의'와 '문화 사대주의'는 타문화에 대한 이해 부족에서 오는 잘못된 문화 인식이다. 많은 사람들의 그릇된 문화 의식은 과거 나치의 유대인 학살이나 미국인들의 인디언 학살에서 찾아볼 수 있듯이 인류에 지울 수 없는 상처를 남긴다. 또 조선의 그릇된 중국 사대주의는 자국 문화의 우수성과 힘을 잃는 결과로 이어져, 나라를 빼앗기는 역사적 설움을 낳게 되었다. *[여백 메모: 우리나라에 자긍심을 갖자!]*

그럼 우리는 어떤 태도로 문화를 바라봐야 할 것인가? 한 사회의 관습과 가치를 포함하는 문화는 그 사회의 시각에서 이해하고 평가해야 한다. 각각의 문화는 그 나름의 가치와 의미를 지니고 형성된 것이므로, 다른 문화와 비교해서 우열을 판단해선 안 된다. 또 어떤 기준을 두고 평가되어서도 안 된다. 상대의 문화를 인정하고 편견 없이 올바로 이해하는 기본태도가 문화의 다양성을 인정하는 바른 모습이 될 것이다.

[여백 메모: 친근하다는 표시로 침을 뱉는 것도 의미가 없으나 이해해야 함]

2 선생님과 함께 지문을 읽은 후 '내적 대화' 적용 방법을 배워 보세요.

이탈리아 음식 문화

이탈리아는 지중해 중앙에 위치한 삼면이 바다인 반도 국가입니다. 장화처럼 남북이 길게 뻗은 이탈리아는 여름에는 덥지만 우리나라와는 달리 건조합니다. 겨울에는 추우면서 습기가 많습니다. 이런 기후나 토양 차이로 인해 지역마다 다양한 요리가 발달하였습니다.

이탈리아 요리의 다양성은 문화적 환경과도 관련이 있습니다. 국토가 지중해 중심에 위치했기 때문에 여러 나라 문화가 이탈리아에 전파되었습니다. 이런 문화적 융합은 이탈리아 각 지역에 독특한 음식 문화를 낳게 하였습니다. 또 나라가 통일(1870년)되기 전까지 오랜 기간 동안 여러 도시 국가로 나뉜 환경도 지역마다 독특한 음식 문화를 가져왔습니다.

이탈리아 음식의 특징은 한마디로 신선한 재료입니다. 모든 음식에 공통으로 사용되는 재료는 곡물, 올리브유, 와인입니다. 올리브유라 하더라도 지역의 특징에 따라, 지방마다 맛이 다릅니다. 와인 또한 수천 가지에 이를 정도로 종류가 다양합니다.

이탈리아 사람들의 참모습은 음식에 대한 사고에서 찾을 수 있습니다. 그들은 신선한 재료로 만든 식생활을 중요하게 생각합니다. 이러한 생각은 사회 운동으로도 이어집니다. 그것이 바로 '슬로푸드' 운동입니다. 주부들은 날마다 신선한 재료를 구입하려고 소매점에 몰려듭니다. 그래서 다른 나라와는 달리 이탈리아에는 대형 유통점보다 소매점이 발달되어 있습니다. 또한 세계 다른 나라의 희귀한 식재료와 전통적인 조리법을 보존하는 일에도 앞장서고 있습니다.

이탈리아 사람들에게 음식이란 삶의 일부이며 생의 가장 큰 행복입니다. 그들은 음식에 대한 자부심이 대단합니다. 일반적으로 사람들에게 서양 요리의 최고는 프랑스로 인식되어 있습니다. 하지만 그 이면에 영향을 끼친 나라가 바로 이탈리아입니다.

   프랑스 요리는 이탈리아 공주가 프랑스 왕실로 시집을 간 후 탄생되었습니다. 공주는 이탈리아의 많은 요리사와 시종을 이끌고 프랑스로 갔습니다. 그들이 가져온 갖가지 식기류와 음식 재료는 프랑스 요리에 영향을 주었습니다. 그래서인지 지금도 이탈리아 사람들은 프랑스 요리를 '이탈리아 요리법을 도둑질해서 흉내 내고 있는 프랑스의 시골 밥상'이라며 경멸하고 있답니다.

3 다음 글을 읽으면서 마음속에 떠오르는 생각을 여백에 적어 보세요.

축제를 즐기는 이탈리아인

이탈리아는 오랜 기간 동안 통일된 국가의 형태를 갖추지 못했습니다. 하지만 그 덕분에 지방마다 나름의 색깔을 자랑하는 고유 문화가 생겼습니다. 그중 지방색을 잘 살린 것이 축제입니다. 널리 알려진 축제로는 '팔리오', '카니발 축제', '카렌디앗죠'를 예로 들 수 있습니다.

팔리오는 이탈리아를 상징하는 대표적인 축제입니다. 매년 7월과 8월에 이탈리아 중부에 있는 도시인 시에나에서 열립니다. 이 축제는 제2차 세계대전을 제외하고는 300년이 넘도록 한 번도 중단되지 않고 열린 단 하나의 민속 축제입니다.

팔리오는 중세 때부터 전통을 이어 온 경마 경기의 한 종류입니다. 경기의 우승자에게는 상금이 주어지는데, 시청 광장을 가장 빨리 도는 우승자가 상금의 주인공이 됩니다. 하지만 완주하는 데 걸리는 시간은 2분도 되지 않는 짧은 경주입니다.

팔리오가 시작되기 몇 달 전부터 이탈리아 사람들은 축제 준비로 분주합니다. 경기에 참가하는 사람들은 우승만을 목표로 하지 않습니다. 그들은 삼삼오오 모여 노래를 부르고 포도주를 마시며 축제의 분위기를 즐깁니다. 경기에 참가하지 않는 사람들은 각 지역을 대표하는 화려한 중세 의상을 입고 시가행진을 벌입니다.

베네치아에서 열리는 '카니발'은 유럽의 카니발 중 가장 화려하고 재미있는 가면 축제입니다. 이 축제는 2월 중순이나 3월 초순경에 열립니다. 가면을 쓴 사람들이 산 마르코 광장을 중심으로 노래와 춤을 즐깁니다. 사람들은 가면을 쓰는 순간 익숙한 일상의 모습을 버리고 새로운 자신으로 다시 태어납니다.

이때는 어떤 규칙에도 얽매이지 않습니다. 온갖 금기와 차별로부터 해방되는 시간입니다. 남녀 간의 차이, 계급 간의 차이, 종교 간의 차이 등이 가면 속에 파

묻히는 자유의 날입니다. 그래서 카니발은 감춰진 내면의 욕망을 자유롭게 발산할 수 있는 축제이기도 합니다.

사람들은 산 마르코 광장을 비롯한 모든 광장과 거리에 화려한 가면과 환상적인 중세 복장을 입고 쏟아져 나옵니다. 그들은 낯선 사람들과도 쉽게 어울리며 축제 분위기를 만끽합니다.

이 축제의 별미는 '프리토레'라는 설탕을 듬뿍 뿌린 동그란 과자입니다. 프리토레는 베네치아 카니발 기간에만 먹을 수 있는 음식입니다. 축제 마지막 날이 되면 모든 곤돌라들이 강 위에서 화려한 불꽃놀이를 선보입니다. 그 광경은 탄성을 자아낼 만큼 환상적입니다.

이 밖에도 토리오 인근의 작은 마을인 이브레아에서도 카니발 축제가 열립니다. 매년 2월에 3일 동안 열리는 축제로 '오렌지 전투'라고도 합니다. 전투의 기원은 중세시대에서 비롯되었습니다.

중세시대 때 평민 처녀들은 결혼을 하기 전에 자신의 몸을 먼저 성주에게 바쳐야 하는 초야권이 있었습니다. 마을에 사는 '비올레따'라는 처녀도 어쩔 수 없이 자신의 몸을 바치러 성주에게 가야 했습니다. 그러나 그녀는 몸을 바치는 대신 난폭한 성주의 목을 잘라 성에 내걸었습니다. 이에 용기를 얻은 마을 사람들은 그동안의 억압과 고통으로부터 벗어나기 위해 봉기를 일으켰습니다. 이 사건을 기념하기 위해 만들어진 것이 바로 오렌지 전투입니다. 여기에서 오렌지는 폭군인 영주의 머리를 상징합니다.

축제는 서로 다른 유니폼을 입은 영주의 군대와 시민군 팀으로 나눠 상대방에게 오렌지를 던지는 방식으로 진행됩니다. 만약 축제에 참여하고 싶다면 두 팀 중 한 팀에 등록만 하면 됩니다. 그러면 누구든지 축제에 참여할 수 있습니다. 만약 오렌지에 맞지 않고 싸움 구경만 하고 싶다면 빨간 모자를 쓰면 됩니다. 축제 참가자는 빨간 모자를 쓴 사람에게는 오렌지를 던지지 않습니다. 이 모자를 쓰면 시민군이기는 하지만 싸움에는 참여하지 않는다는 의미가 포함되어 있기 때문입니다.

끝으로 '카렌디앗죠'는 오랜 역사를 지닌 성 앗시지에서 열리는 축제입니다.

5월에 열리는 축제로 봄을 기리는 행사의 하나입니다. 이 축제는 과거 로마 시대부터 지속적으로 이어져 왔습니다. 축제 기간에는 노래 경연대회, 민화극, 경마 등과 같은 큰 행사가 열립니다.

이 외에도 계절마다 열리는 여러 지방 축제가 많습니다. 그래서 이탈리아에는 항상 축제를 즐기는 사람들로 붐빕니다.

4 지문을 다 읽었다면, 여백에 쓴 내용 중 몇 가지를 선정해서 발표해 보세요.

혹시 마음속에 떠오르는 생각들을 쓰는 데 여백이 너무 부족한가요? 그럼, 여러분의 생각을 마음껏 적을 수 있는 접착식 메모지를 이용해 보세요.

 **평가하기**

5 아래 질문을 통해 오늘 수업을 평가해 보세요.

> 다음은 오늘 수업한 내용에 대한 질문입니다. 여러분의 생각을 솔직하게 적어 주세요.

1 오늘 배운 내용 중 가장 기억에 남는 내용은 무엇인가요?

....

....

....

> **tip**
> /번 질문의 답은 본문 내용에 대한 답이어도 좋고, 수업 활동에 대한 내용이어도 상관없다. 학생이 질문을 받아들인 시각에서 자유롭게 답하도록 한다.

2 여백에 작성한 내용에 대해 친구와 이야기를 나누는 것이 본문 내용을 이해하는 데 도움이 되었나요?

답	그렇게 대답한 이유
예	
아니요	

3 '내적 대화' 전략이 글을 읽는 데 어떤 도움이 되었나요?

....

....

....

활동결과물

❂ 다음 글을 읽으면서 마음속에 떠오르는 생각을 여백에 표현해보세요.

다양한 문화 이해

문화란 진리를 추구하고, 끊임없이 향상하려고 하는 인간의 정신적 활동이다. 역사가 시작된 이래, 사람들은 특수한 환경과 상황에 적응하면서 각자 나름대로 사는 방식을 개발해왔다. 이런 활동들은 인간 사회의 고유한 가치와 문화를 지니게 되었으며, 여기에 환경과 역사 등을 반영하여 형성된 것을 우리는 '문화의 다양성'이라 부른다.

예를 들어 일반적으로 제일 많이 통용되는 세계 인사법은 악수이다. 하지만 각 나라마다 표현에 조금씩 차이가 있으며, 의미도 다양하다. 중남미에서는 여성과 악수할 때, 손등에 입을 맞춘다. 유럽 일부 국가는 상대방을 아는 정도에 따라 손에 힘을 주는 강도를 달리한다. 악수 외에도 폴리네시안(마오리족)에서는 코를 비비는 인사를 한다. 포옹을 하거나 양 볼에 키스하며 서로의 안부를 묻는 나라들도 있다.

우리나라 중국, 일본 등 아시아 유교 영향권 나라에서는 고개를 낮추어 허리를 숙이는 목례로 인사를 표현한다. 이때, 상대가 나이가 많거나 윗사람일 때는 먼저 인사를 하거나 고개를 더 숙이는 것으로 예를 표한다.

이와 달리 탄자니아의 마사이족은 만나거나 헤어질 때 상대방에 대한 존경과 친근감의 표시로 얼굴에 침을 뱉는다. 갓 태어난 아이에게도 축복과 행운의 의미로 침을 뱉고, 상거래를 하는 장사꾼들도 상호간의 흥정을 위해서 다 같이 침을 뱉는다. 그러나 이런 표현은 세계 다른 나라 사람들에게는 무척 무례한 행동으로 비춰질 수 있다. 그 나라 고유의 환경과 상황을 모르는 사람들에게 이 같은 행동을 취한다면, 이해하기 힘든 문제가 발생할 수 있다.

이는 다른 나라 문화를 제대로 이해하기보다, 자국 문화의 가치 판단을 기준으로 삼아 다른 문화를 평가하는 '문화 절대주의'로 나타날 수 있다. 문화 절대주의는 자국 문화의 우월성을 확대 해석하여 타국 문화를 무시하거나 배척하는 태도를 말한다. 그 대표적인 예가 서양인들이 동양인들을 보는 시각인 '오리엔탈리즘'이다.

오리엔탈리즘은 서양 제국주의 시절, 동방 나라 정복을 위해 동양 학문에 관심을 가지면서 생겨났다. 그들은 동양인들이 서양인들보다 비이성적이고 비합리적이며 미개하다고 생각했다. 또 동방은 신비하고 주술적인 세계에 빠져있는 비과학적인 문화를 형성하고 있다고 믿고 있다. 이런 그들의 지나친 자국 중심 사상은 아직도 일부에선 왜곡된 '백인 우월주의' 시각으로 이어지고 있다.

또 다른 예로 중국의 '중화사상'을 들 수 있다. 오랜 옛날부터 중국 한족(漢族)은 중국 문화가 최고이며, 모든 것이 중국을 중심으로 해서 사방에 퍼져나간다고 생각했다. 그래서 중화 문물이 세계의 중심이자 가장 우월한 문명이라 생각했으며, 다른 민족은 야만족이나 오랑캐로 취급하였다. 이는 서양의 서구중심주의와 동일한 문화 절대주의에서 오는 병폐라 말할 수 있다.

이와 달리 자신이 속한 문화보다 다른 사회의 문화가 더 우수하다고 숭상하는 '문화사대주의'도 있다. 이들은 자국 문화에 대해선 열등의식을 지닌다. 그러면서 선진국 문화에 대해서는 무조건적으로 높게 평가하고 선호하는 모습을 보인다. 그 대표적인 예가 바로 '영어지상주의'이다. 어릴 때부터 영어 유치원이나 사설 학원을 보내면서 모든 교육의 중심에 영어를 둔다. 이는 조기유학이라는 우리 사회의 문제를 낳게 하였으며, '한글 경시 풍조'까지 낳는 현상을 가져오고 있다. 또 서구인의 체형을 따라하는 성형 수술 바람은 '외모 지상주의'를 낳아 우리 사회의 또 다른 병폐로 자리 잡고 있다.

이처럼 '문화 절대주의'와 '문화 사대주의'는 타문화에 대한 이해 부족에서 오는 잘못된 문화 인식이다. 많은 사람들의 그릇된 문화 의식은 과거 나치의 유대인 학살이나 미국인들의 인디언 학살에서 찾아볼 수 있듯이 인류에 지울 수 없는 상처를 남긴다. 또 조선의 그릇된 중국 사대주의는 자국 문화의 우수성과 힘을 잃는 결과로 이어져, 나라를 빼앗기는 역사적 설움을 낳게 되었다.

그럼 우리는 어떤 태도로 문화를 바라봐야 할 것인가? 한 사회의 관습과 가치를 포함하는 문화는 그 사회의 시각에서 이해하고 평가해야 한다. 각각의 문화는 그 나름의 가치와 의미를 지니고 형성된 것이므로, 다른 문화와 비교해서 우열을 판단해선 안 된다. 또 어떤 기준을 두고 평가되어서도 안 된다. 상대의 문화를 인정하고 편견 없이 올바로 이해하는 기본태도가 문화의 다양성을 인정하는 바른 모습이 될 것이다.

(여백 필기)

그렇구나!

흠 그런듯...

나도 아는 인사 많이! ..뭐였더라..

침을 뱉는 것은 인사와 관련이 안 되는것 같다.

그런 나라들이 과연 있을까?

많이 어렵다ㅠ

어머 어디서 많이 들어본 단어...

병폐가 뭐지?

공감!

이면... 조선이 설움을 남긴건가? 설마 우리나라ㅠㅠ

꼭 태도가 문화의 다양성을 인정하는 바른 모습이 되는것은 인들있을까? 아니다. 그 문화에 대한 관심이 바른 모습은 인들있은것 같다.

전략 2 배경지식 활용하기

배경지식 활용하기란?

학생이 기존에 알고 있는 지식이나 경험을 글과 연결하여 읽는 읽기 방법이다.

학생들은 특정 영역에 대한 배경지식이 있을 때 자신이 읽고 있는 새로운 정보에 대해서 더 완벽하게 이해할 수 있다. 배경지식은 학습과 이해의 모든 측면에 영향을 미친다. 특히 주제에 대한 배경지식이 많을수록 글은 훨씬 더 쉽게 이해된다.

배경지식을 활용하여 글을 읽게 되면 글의 예측을 가능하게 해 준다. 따라서 이 전략은 글에 대한 흥미와 본문 내용의 이해뿐 아니라 글 읽는 속도 역시 빨라지게 한다.

교사 참고사항

1 '배경지식 활용하기'는 '내적 대화'와는 다른 읽기 방법임을 학생들에게 이해시키도록 한다.

2 학생의 생각이나 느낌을 적기보다 이미 알고 있는 지식이나 경험을 지문과 연결시키도록 한다.

3 다른 책에 있는 정보나 사회 이슈 등 특정 주제와 연결시키는 학생이 있다면 연결 내용을 구체적으로 적게 한다.  예를 들어 주요 사건이나 인물, 책 제목 등

'배경지식 활용하기' 적용 방법

1 글을 읽으면서 생각나는 정보가 있다면, 그 문장이나 단어에서 잠시 멈춰 본다.

2 생각나게 한 연결어(문장 또는 단어)를 활동지 〈연결 내용〉 칸에 적어 본다.

3 〈연결 내용〉과 관련된 지식이나 경험을 활동지 〈아는 지식과 연결〉 칸에 적어 본다. 이때 생각난 배경지식은 자세하게 적도록 한다.

4 활동지가 완성되면 각자 작성한 내용 중에서 몇 가지를 선정해 발표해 본다.

5 발표한 내용을 참고하여, 친구와 자신의 생각을 비교해 보며 이야기를 나눠 본다.

읽기 방법 미리 보기

1 다음은 인권에 대한 자료를 읽고 '배경지식 활용하기'를 적용한 읽기 방법입니다. 아래 자료를 통해 '배경지식 활용하기' 전략 방법을 알아보세요.

배경지식과 연결하기	
연결 내용	**아는 지식(경험)과 연결**
인권	인간의 권리이자 모든 사람들은 인권이 있다. 예를 들어 모든 사람들이 자기가 원하는 것을 말할 권리. 만 19세가 되면 투표할 권리가 있다.
노예	노예는 권리가 없다. 옛날 사람들은 노예를 인간이 아닌 가축으로 생각하고 부려 먹었다.
교회의 힘이 사회를 지배하는 시대였다.	실제로 옛날에는 왕보다 교황의 힘이 더 강했다고 한다.
유엔	세계대전 이후에 평화를 위해 세워졌으며 지금도 환경이나 사람들의 인권을 보호하기 위해 힘쓰고 있다. 현재 유엔 사무총장은 반기문 총장이다.
세계 곳곳에선 전쟁으로 인해 굶주림과 질병으로 고통 받는 사람들이 있다.	이라크나 아프리카, 또는 아시아의 가난한 나라에서는 전쟁이 끊이질 않고 있다고 한다. 이런 전쟁들로 인해 고아, 소녀·소년 가장들이 증가하고 있다.
평등한 신분과 동등한 권리를 주장하며, 차별받지 않는 삶을 살고 싶어 한다.	우리가 아무리 민주주의 국가에 살면서 인권이 중요하다고 말하지만 아직도 외국인 노동자를 업신여기는 사람들이 많다. 또 아무리 실력 있는 여자라도 여자라는 이유 때문에 높은 지위에 오르지 못하는 경우도 많이 발생한다.

읽기 방법 익히기

2 선생님과 함께 지문을 읽은 후 '배경지식 활용하기' 적용 방법을 배워 보세요.

아시아는 세계에서 대륙이 제일 크고 인구가 가장 많은 곳입니다. '동양'이라고도 불리는데, 이는 '해가 뜨는 곳'이라는 뜻입니다. 우리나라와 중국, 일본, 인도 등이 여기에 속합니다.

중국은 세계에서 인구가 가장 많은 나라입니다. 또 세계에서 면적이 세 번째로 넓은 나라이기도 합니다. 우리나라와는 황해를 사이에 두고 위치해 있습니다. 일찍이 황허 유역에서 문명이 발생한 중국은 고고학의 산실이자 유적들이 가득한 나라이기도 합니다. 대표적인 유적지로는 만리장성, 진시황릉, 자금성 등이 있습니다.

일본은 4개의 큰 섬과 6,000개 이상의 작은 섬들로 이루어진 나라입니다. 우리나라와 동해를 사이에 두고 위치해 있습니다. 이 나라는 섬의 특징상 태풍이나 해일, 지진 등의 피해가 많습니다. 국토의 80% 이상이 산지인 일본은 온대 계절풍의 해양성 기후로 겨울에는 눈이 많이 내립니다. 여름에는 기온과 습도가 높습니다. 일본은 우리나라와 인접해 있는 까닭에 역사적으로 관련이 깊습니다. 삼국시대에는 우리의 문화와 기술을 배워 가 문화적 발전을 이룩하였습니다. 그러나 조선시대 임진왜란과 일제 강점기를 겪게 해 우리 민족에게 아픔을 준 나라이기도 합니다. 지금은 무역, 경제, 기술 면에서 서로 협력하며 살아가고 있습니다. 또 2002년에는 월드컵 축구 대회를 공동으로 개최하기도 했습니다.

인도는 10억이 넘는 사람들이 살고 있습니다. 중국에 이어 세계에서 두 번째로 인구가 많은 나라입니다. 국민 대부분이 힌두교도인 이곳은 부와 빈곤, 계급, 인종 등의 차별이 공존하는 나라이기도 합니다. 명상의 나라, 여행의 나라로 알려진 인도는 IT 강국이자 경제적으로 부상하고 있는 나라이기도 합니다.

배경지식과 연결하기

연결 내용	아는 지식(경험)과 연결

3 다음 글을 읽으면서, 알고 있는 지식이나 경험을 생각나게 하는 연결어(단어나 문장)에 밑줄을 긋거나 동그라미로 표시해 보세요.

다양한 문화의 이해

문화란 진리를 추구하고 끊임없이 향상하려고 하는 인간의 정신적 활동이다. 역사가 시작된 이래, 사람들은 특수한 환경과 상황에 적응하면서 각자 나름대로 사는 방식을 개발해 왔다. 이런 활동들은 인간 사회의 고유한 가치와 문화를 만들었다. 여기에 환경과 역사가 반영되어 형성된 것이 '문화의 다양성'이다.

문화에 대한 다양성은 나라마다 다른 인사 방법에서도 찾아볼 수 있다. 예를 들면, '악수'는 세계에서 제일 많이 통용되는 일반적인 인사법이다. 하지만 각 나라마다 표현에 조금씩 차이가 있으며 의미도 다양하다. 중남미에서는 여성과 악수할 때 손등에 입을 맞춘다. 유럽 일부 국가에서는 상대방을 아는 정도에 따라 악수하는 손에 힘을 다르게 준다.

악수 외에 폴리네시안(마오리족)처럼 코를 비비며 인사를 하는 나라도 있다. 포옹이나 양 볼에 키스하며 서로의 안부를 묻는 나라들도 있다. 우리나라나 중국, 일본 등 유교 영향권 아래에 있던 나라에서는 고개를 낮추고 허리를 숙이는 목례로 인사를 한다. 이때 상대방이 나이가 많거나 윗사람일 때는 먼저 인사를 하거나 고개를 더 숙이는 것으로 예의를 표현한다.

이와 달리 탄자니아의 마사이족은 만나거나 헤어질 때 상대방에 대한 존경과 친근감의 표시로 얼굴에 침을 뱉는다. 갓 태어난 아이에게도 축복과 행운의 의미로 침을 뱉는다. 상거래를 하는 장사꾼들도 상호 간의 흥정을 위하여 다 같이 침을 뱉는다.

그러나 문제가 되는 것은 이런 표현들이 다른 나라 사람들에게는 무척 무례한 행동으로 비춰질 수 있다는 것이다. 그 나라 고유의 환경과 상황을 모르는 사람들에게 이 같은 행동을 취한다면 서로를 오해하는 문제가 발생할 수 있을 것이다.

또한 다른 나라 문화를 제대로 이해하기보다는 자국 문화의 잣대로 다른 문화를 평가하는 '문화 절대주의'로 나타날 수 있다. 문화 절대주의는 자국 문화의 우월성을 확대 해석하여 다른 나라 문화를 무시하거나 배척하는 태도를 말한다. 그 대표적인 예가 서양인들이 동양을 보는 시각인 '오리엔탈리즘'이다.

오리엔탈리즘은 서양 제국주의 시절, 동방 정복을 위해 동양 학문에 관심을 가지면서 생겨났다. 그들은 동양인들이 비이성적이고 비합리적이며 미개한 인종이라고 생각했다. 또 동양은 신비하고 주술적인 세계에 빠져 있는 비과학적인 문화를 형성하고 있다고 믿고 있었다. 이런 그들의 지나친 자국 중심 사상은 아직도 일부에서는 왜곡된 시각인 '백인 우월주의'로 이어지고 있다.

또 다른 예로 중국의 '중화사상'을 들 수 있다. 오랜 옛날부터 중국 한족(漢族)은 중국 문화가 최고이며, 모든 것이 자국을 중심으로 해서 사방에 퍼져 나간다고 생각했다. 그래서 그들이 세계의 중심이자 가장 우월한 문명이라고 생각했다. 다른 민족은 야만족이나 오랑캐로 취급하였다. 이 또한 서구 중심주의와 동일한 문화 절대주의에서 오는 문제점이라 말할 수 있다.

이처럼 문화 절대주의는 다른 문화에 대한 이해 부족에서 오는 잘못된 문화 인식이다. 많은 사람들의 그릇된 문화 인식은 과거 나치의 유태인 학살이나 미국인들의 인디언 학살에서 찾아볼 수 있듯이 인류에 지울 수 없는 상처를 남겼다.

그럼 우리는 어떤 태도로 문화를 바라봐야 할 것인가?

한 사회의 관습과 가치를 포함하는 문화는 그 사회의 시각에서 이해하고 평가해야 한다. 각각의 문화는 그 나름의 가치와 의미를 지니고 형성된 것이다. 그러므로 다른 문화와 비교해서 우열을 판단해선 안 된다. 또 어떤 기준을 두고 평가되어서도 안 된다. 상대의 문화를 인정하고 편견 없이 올바로 이해하는 기본 태도가 문화의 다양성을 인정하는 바른 모습이 될 것이다.

4 지문에서 표시한 연결어(단어나 문장)를 활동지 <연결 내용> 칸에 적어 보세요. 그리고 연결 내용과 관련된 지식이나 경험을 <아는 지식과 연결> 칸에 정리해 보세요.

배경지식과 연결하기	
연결 내용	아는 지식(경험)과 연결

 **평가하기**

5 아래 질문을 통해 오늘 수업을 평가해 보세요.

① 오늘 배운 내용 중 가장 기억에 남는 내용은 무엇인가요?

② 친구와 이야기하는 것이 본문 내용을 이해하는 데 어떤 도움이 되었나요?

③ '배경지식 활용하기' 전략이 글을 읽는 데 어떤 도움이 되었나요?

≋≋≋ 내 배경지식과 연결하기 ◦◦◦ ≋≋≋	
연결 내용 (텍스트)	아는 지식(경험)과 연결
인권	인간의 권리이자 모든 사람들은 인권이 있다. 예를 들어, 모든 사람들은 자기가 원하는 것을 말할 권리, 만 19세가 되면 투표할 권리가 있다.
노예	노예는 권리가 없다. 옛날 사람들은 노예는 인간이 아닌 가축들로 생각하고 부려먹었다.
교회의 힘이 사회를 지배하는 시대였다.	실제로 옛날에는 왕보다 교황의 힘이 더 강했다고 한다.
유엔	세계대전 이후에 평화를 위해 세워졌으며 지금도 환경이나 사람들의 인권을 보호하기 위해 힘쓰고 있다. 현재 유엔사무총장은 반기문 총장이다.
세계 곳곳에선 전쟁~	이라크나 아프리카, 또는 아시아의 가난한 나라에서는 전쟁이 끊이질 않고 있다고 한다. 이런 전쟁들로 인해 고아, 소녀소년 가장들이 증가하고 있다.
평등한 신분과 동등한 권리를 주장하며, 차별받지 않는 세상~	우리가 아무리 민주주의 국가에 살면서 인권이 중요하고 적용된다고 하지만 우리나라에서는 외국인 노동자를 업신여기고 아무리 실력있는 여자라고 여자라는 이유 때문에 높은 지위에 오르지 못하는 것이 대다수이다.

≈≈≈ 내 배경지식과 연결하기 ••• ≈≈≈

연결 내용 (텍스트)	아는 지식 (경험)과 연결
성폭행	마이클 잭슨이 생각난다. 마이클 잭슨은 미국에서 (?) 안타까 많았으나, 흑인에서 백인이 되려고 몇 차례의 성형을 했다. 그래서 얼굴도 다른 사람들과 다르게 희한하게 생겼다. 지금은 죽었고, 죽은 이유가 미스터리로 남아 아직까지 연구되고 있다. 잭슨이 어린소년을 성폭행했다는 뉴스를 본 적이 있다.
연쇄살인범	내가 아는 연쇄살인법은 강호순과 김길태(?)가 있다. 강호순은 사람을 살인한지 오래되었고, 사형선고까지 받은 것으로 알고있는데, 지금도 살아있는지는 잘 모르겠다. 김길태는 술에 취한 상태여서 아무것도 생각이 안 난다고 말한것은 아는데, 그 이후로 어떻게 된지는 잘 모르겠다.
유태인 학살 & 히틀러	'안네의 일기'라는 책을 보면 유태인을 차별대우 하고 히틀러가 세계대전을 벌인 일이 나온다. '노란 별'이라는 책도 생각이 나는데, 그 책의 내용도 유태인을 차별하는 내용이다.
교회는 마녀재판이라는 화형을 통해......	옛날에 읽은 책 중에서 '마녀사냥'이라는 책이 있었다. 마녀가아닌 사람을 마녀라고 거짓말을 치며 교회에서 심판을 하며 화형을 하기도 했다.
인권은 출생과 동시에....	어떤 사람의 인권을 함부로 건드릴 수는 없다고 생각한다. 죄를 지은것을 제외하고 말이다. 그리고 노비의 자식은 어버이가 노비라는 이유로 노비가 되어야 한다는것이 너무 불쌍하다.

질문하기

질문하기란?

글을 읽으면서 더 알고 싶거나 의문이 드는 내용에 질문을 던지며 그 답을 찾아 가는 읽기 방법이다.

질문하기는 '읽기 전'과 '읽기 중'으로 나눌 수 있다. 읽기 전 질문이란 책 제목이나 표지, 목차 등을 훑어보면서 하게 되는 질문으로 책에 대한 궁금증과 관심을 높여 준다. 그리고 책을 읽으면서 답을 찾아 가는 과정을 통해 깊은 독서를 할 수 있도록 도와준다.

읽기 중 질문이란 학생들이 글을 읽는 중에 생기는 질문으로 읽는 중에 답을 찾을 수도 있고, 다른 곳에서 답을 찾아야 하는 경우도 있다. 학생들은 자신의 질문에 대한 답을 찾아 가는 과정에서 폭넓은 독서 경험을 할 수 있다.

1 질문은 지문의 양에 따라 질문 횟수에 영향을 줄 수 있다. 만약 시간이 된다면 학생들에게 교재에 수록된 지문 외에 인도와 관련된 읽기 자료를 더 제공해 준다. 그러면 보다 다양한 학생들의 사고를 촉진할 수 있을 것이다.

2 이번 수업에서는 학생들이 자기가 만든 질문이 어떤 종류의 질문인지 스스로 구분할 수 있는 것이 무엇보다 중요하다. 그러므로 활동지 〈질문 분류표〉에 제시된 기호를 학생들에게 정확하게 이해시킨 다음 지문을 읽게 한다.

'질문하기' 적용 방법

1 지문을 읽기 전에 먼저 활동지 〈질문 분류표〉에 있는 질문 종류를 구별해 본다. 만약 질문 종류를 완전히 이해하지 못했다면 선생님에게 다시 설명을 들은 후, 지문을 읽도록 한다. 질문 종류는 아래와 같다.

♣ '답'은 지문 안에서 답이 분명하게 드러나는 질문을 뜻한다.

♣ '배'는 자신이 알고 있는 지식이나 경험을 통해 답을 찾을 수 있는 질문을 뜻한다.

♣ '추'는 지문 안에 답이 드러나 있지는 않지만, 본문 내용을 통해 답을 추측해 볼 수 있는 질문을 뜻한다.

♣ '토'는 학생들의 토의 또는 토론을 통해 답을 얻을 수 있는 질문을 뜻한다.

♣ '연'은 앞으로 지속적인 연구 조사를 통해 답을 구할 수 있는 질문을 뜻한다.

---

2 지문을 읽으면서 질문이 생기는 단어나 문장에 밑줄을 긋거나 자기만의 기호로 표시해 둔다.

3 지문을 다 읽은 후, 표시한 내용을 활동지 〈질문〉 칸에 질문을 만들어 본다.

4 만든 질문을 종류별로 구별하여 활동지 〈질문 분류〉 칸에 표시해 본다.

5 다른 학생들과 함께 질문하고 답하는 '퀴즈 시간'을 가져 본다.

읽기 방법 미리 보기

1 다음은 책 『인도야, 인도야, 나마스테!(소중애, 어린른이)』를 읽고 '질문하기'를 적용한 읽기 방법입니다. 아래 자료를 통해 '질문하기' 전략 방법을 알아보세요.

"인도야, 인도야, 나마스테!"를 읽고

NO	질문(궁금한 점)	답	배	추	토	연
				질문 분류		
1	인도에는 거지가 많다고 한다. 인도를 부강하고 사람들을 잘살게 하기 위해서는 무엇을 해야 할까?				○	
2	인도 사람들은 닭고기를 빼고는 야채를 먹는 채식주의자이다. 종교 때문에 특정한 음식을 금하는 것은 인도 사람들에게 과연 좋은 것일까?					○
3	샤자한 황제가 세운 델리의 붉은 성에는 다이아몬드로 만든 가장 아름다운 옥좌가 있는데 그 옥좌는 무엇이라고 불리는가?	○				
4	인도의 신들 중 한 명인 시바의 이마에는 제3의 눈이 있다고 한다. 인도 사람들은 그 눈이 떠지는 날 어떤 일이 생긴다고 믿는가?	○				
5	인도 어린이들은 관광객들에게 "10루피, 10루피"라고 외치며 구걸을 한다. 무슨 생각으로 구걸을 할까?			○		
6	우리나라 사람들이 외국인에게 "어느 나라에서 왔니?"라고 물어보는 것처럼 인도 사람들은 외국인들에게 사람의 이름과 아버지의 이름을 물어본다고 한다. 왜일까?					○
7	칼리 사원에 아기 염소를 제물로 바치는 것은 무슨 이유일까?		○			
8	인도의 대표적인 음식은?	○				

2 선생님과 함께 지문을 읽은 후 '질문하기' 적용 방법을 배워 보세요.

카스트 제도의 굴레 속에서 힘겹게 살아가는 인도인

인도에는 힌두교인들이 정한 신성한 장소가 여러 군데 있다. 그중 하나가 아부산 정상에 있는 '나키'라는 호수이다. 우연히 인도에 사는 친구와 함께 호숫가 근처를 가게 되었다. 먼저 눈에 띄는 것은 호숫가에서 빨래를 하는 사람들이었다. 어린아이에서부터 나이 든 노인까지 호수 둑에 쌓인 빨래를 두드리고 있었다. 물가에는 저마다 세워 놓은 돌이 있었다. 그곳에 물에 젖은 빨래를 높이 들어 올렸다가 내리치고 있었다.

친구에 의하면 그들은 '불가촉천민'이라고 한다. 일생 동안 남의 빨래를 하며 사는 것이 그들의 운명이라고 한다. 빨래 외 쓰레기를 수거하거나 인분을 치우는 일, 머리를 깎는 일, 사람이나 동물의 시체를 태우고 치우는 일도 그들의 몫이라고 한다. 인도 사람들이 천하게 여기거나 꺼리는 일 대부분이 이들이 해야 하는 일이라고 한다.

그들의 모습을 보니 옛부터 내려오는 인도의 카스트 제도가 생각났다. 카스트 제도는 기원전 1750년경 중앙아시아와 남러시아 근처에 살던 유목민인 아리아인이 인도를 침략하면서 생겨난 계급 제도이다.

그들은 혈통에 따라 계급을 4단계로 구분했다. 순수한 아리아인의 피를 가진 집단이 최상층인 브라만이 되었다. 이들은 종교적 지배자로 베다를 가르치고 학습하는 일과 제사를 지내는 일을 맡고 있다. 그다음 계급은 크샤트리아와 바이샤이다. 이들은 인도에 정착하면서 아리아인들과 원주민 사이에 생겨난 혼혈이다. 크샤트리아는 백성을 보호하는 왕족과 군인 계급을 말한다. 이들은 정치와 군사를 담당한다. 바이샤는 상인을 비롯하여 경제 활동의 중심인 일반 백성을 말한다. 주로 목축, 농업, 금융업 등에 종사한다. 최하층 수드라는 이들 세 계층의 노예가 되어 평생 봉사하며 살아간다. 인도 원주민이 이 계층에 속한다.

카스트 제도는 힌두 경전 《라구베다》에 기록되어 있다. 이 경전은 기원전

100년경에 작성된 것으로 인간의 계급이 어떻게 생겨났는지 전하고 있다. 기록에 의하면 태초에 우주를 상징하는 신 푸루사가 죽으면서 인간이 창조되었다. 푸루사의 입에서는 브라만이 나왔고, 팔에서는 크샤트리아가, 허벅지에서는 바이샤가, 두 발에서는 수드라가 생겨났다고 한다.

인도인들은 카스트 제도를 신이 정해 준 운명으로 받아들이며 살아가고 있다. 태어나면서부터 이들은 각 계층에 소속된다. 결혼도 자신과 동일한 계층하고만 한다. 주어진 생활환경도 계층에 따라 다르다. 대부분의 사람들은 자신이 속한 계층에서 열심히 살아가는 것이 최선의 삶이라고 생각한다. 반면에 이 계층에도 들지 못하면서 사는 사람들이 있다. 그들이 바로 가장 밑바닥에 속하는 불가촉천민들이다. 인도 인구의 16%인 1억 6,500만 명이 여기에 속한다.

이들은 카스트 계급의 사람들과 정신적으로나 육체적으로도 접촉하면 안 되는 천민들로 취급되었다. 옛날 인도 사람들은 이들과 접촉하면 오염된다는 의식이 강했다. 그래서 이들에게는 급수 시설, 우물, 학교, 병원 등 어떤 장소에서든 공공시설의 이용이 허락되지 않았다. 이런 불평등이 무려 3,500년 동안이나 법으로 정해져 불가촉천민들은 짐승 취급을 받으며 인도 땅에서 살아왔다.

20세기 초에 접어들면서 이들에 대한 차별을 철폐해야 한다는 주장이 대두되었다. 그 중심에는 불가촉천민 출신으로 미국과 영국에서 최초로 박사 학위를 받은 '암베드카르'가 있었다. 그의 노력과 지지자들의 투쟁으로 불가촉천민들의 생활환경이 조금은 개선되었다. 하지만 인도 땅에서 받는 차별이 모두 사라진 것은 아니었다.

여전히 그들은 모두가 꺼리는 일들을 해야만 한다. 먹고살기 위해 살아가는 그들의 삶은 지금도 힘겹기만 하다. 호숫가에서 두드리는 빨래 소리와 물 먹은 무거운 빨래가 그들의 힘겨운 삶을 대변하는 것 같아 마음이 아팠다. 번들거리는 그들의 이마에서는 구슬땀이 흘러내렸다. 빨래를 마친 노인은 머리 위에 삶의 무게만큼 무거운 빨래를 한가득 올려놓았다. 그리고 마을을 향해 걷기 시작했다. 평생을 빨래를 하며 살아온 노인의 뒷모습은 그렇게 천천히 내 시야에서 사라져 갔다.

NO	질문(궁금한 점)	질문 분류				
		답	배	추	토	연

카스트 제도의 굴레 속에서 힘겹게 살아가는 인도인

3 다음 글을 읽으면서 질문할 내용을 표시해 보세요.

인도인들의 영원한 안식처 갠지스 강

인도에서 흔히 볼 수 있는 장면 중 하나가 사원 앞에 줄 서 있는 힌두교 순례자들이다. 그들은 모두 맨발로 서서 수돗가에서 손과 발을 씻는 순서를 기다리고 있다. 힌두인들은 사원에 들어가기 전에 먼저 손과 발을 깨끗이 씻어야 한다. 신을 만나려면 신발을 벗고 정화된 모습으로 나아가야 하기 때문이다.

줄 옆에는 붉은색이나 황금색 꽃을 파는 장사꾼들이 돌아다니고 있다. 지나가는 몇몇 부인들과 순례자들의 손에는 신을 위해 준비한 꽃과 과일이 들려 있다. 긴 행렬에도 불구하고 그들의 모습은 경건하기만 하다. 그 모습에 나도 동참하고 싶어진다. 사원에도 들어가 보고 싶다. 하지만 힌두인이 아니면 출입이 허용되지 않는다고 한다.

사원 앞 거리에는 걸인들이 손을 내밀고 있다. 옆에는 소와 개가 돌아다닌다. 사원 주위에는 차와 음료를 파는 사람, 야채를 파는 사람, 동물, 자전거 릭샤 등 일반 장터처럼 북새통을 이룬다. 그러나 엉키지 않고 움직이는 모습에서 오히려 질서가 느껴진다. 각자의 영역을 침범하지 않는 그들의 움직임은 몇백 년을 이어 온 삶의 지혜인 것 같다.

한 가지 신기한 것은 어떤 질서에도 소가 우선권을 갖고 있다는 것이다. 소가 길을 건너고 있으면 모든 차나 사람이 멈춰 선다. 아무리 시간이 오래 걸려도 소가 지나가기를 기다린다. 길 한복판에 소가 앉아 있다면 모든 차량이나 사람이 소를 비켜서 지나간다.

사원을 벗어나 다른 곳을 향해 걸었다. 거리를 걷다 보니 식사를 하는 힌두인들이 보인다. 그들은 인도의 대표적 음식인 난과 달을 먹고 있다. 오른손으로 난을 잘라서 달에 찍어 먹는다. 한 손으로만 식사를 하는 모습이 자연스럽다. 인도인들은 항상 오른손으로만 식사를 한다. 그들에게 왼손은 화장실에서 사용하는

용도로만 쓰인다. 만약 인도 사람들과 악수할 기회가 있다면 반드시 오른손을 내미는 것이 인도 여행의 상식이다.

이튿날, 인도의 고도 바라나시에 있는 갠지스 강으로 향했다. 인도를 여행하면 누구나 한번 꼭 가 봐야 하는 장소가 이곳이라고 한다. 먼저 눈에 들어오는 곳은 화장터이다. 화장터에는 주검을 태우는 연기와 더불어 매캐한 냄새가 난다. 그 주위에는 화장에 쓰일 장작과 꽃을 파는 장사꾼들이 있다.

화장터 가까이에 가 보니 유가족들로 보이는 사람들이 모여 있다. 그들은 불에 타는 시체를 바라보고 있다. 누가 죽었을까? 지금 어떤 생각을 하고 있을까? 그들의 표정에서 슬픔보다 삶을 받아들이는 담담함이 읽어졌다. 화장터 뒤쪽에는 시체를 옮기는 사람들이 다음 차례를 기다리고 있다.

화장터 주위에서 가장 눈에 띄는 것은 따로 있다. 보고 싶지 않아도 볼 수밖에 없는 것이 바로 개 떼이다. 그것들은 화장터 주위를 어슬렁거리며 돌아다닌다. 아마 불에 덜 탄 인육이나 불에 태우지 않는 영아의 시체를 맛본 개들일 것이다. 한국에서는 도저히 받아들이기 힘든 이 장면을 여기에서는 자연스럽게 볼 수 있다는 사실이 소름 끼친다.

화장터에서 태운 시신은 곧 갠지스 강에 뿌려진다. 갠지스 강가에는 많은 사람들이 모여 있다. 어느 한곳에서는 태운 시신을 뿌리는 사람들이 있다. 그 옆에는 순례자로 보이는 사람들이 윗옷을 벗고 강물에 뛰어든다. 여자들은 머리와 발끝까지 두른 긴 옷을 입은 채로 강물에 들어간다. 강 안에는 이미 자리 잡은 사람들이 몸에 물을 끼얹으며 씻고 있다.

갠지스 강물은 화장터에서 흘려보내는 주검의 잔해와 시든 꽃들, 시체를 태운 재들로 뒤섞여 있다. 눈에 보이는 곳 중 어느 한 곳도 깨끗한 곳이 없다. 더럽다고밖에는 생각할 수 없는 이 물로 그들은 몸을 씻고 있다. 심지어 어떤 사람은 물로 입을 헹궈 내기도 한다. 그들에게는 이 강물이 성수로 보이는 것 같다. 진지한 그들의 모습에서 어떤 성스러운 의식이 느껴진다.

눈을 돌리니 또다시 눈에 거슬리는 것이 보인다. 보고 싶지 않아도 어쩔 수 없이 눈에 들어오는 광경이다. 강 한 귀퉁이에서 개들이 무엇인가를 뜯어 먹고 있다. 무엇을 먹는지 짐작하고 싶지도 않다. 머릿속에 지우개가 있다면 이 장면을 얼른 지우고 싶다. 다른 곳으로 최대한 빨리 눈을 돌렸다. 얼마 떨어지지 않은 곳에서 아이들이 물놀이를 하고 있다. 옷을 벗고 첨벙첨벙 물 위를 뛰어다니며 노는 아이들. 주위에서 벌어지는 장면과는 아무 상관도 없이 마냥 즐겁기만 한 그들이 부럽다.

힌두인들의 가장 큰 소망은 살아 있을 때 갠지스 강에 한 번 들어가는 것이다. 그들은 강물로 육체의 더러움을 씻어 내고 몸과 마음을 깨끗하게 유지한다. 그리고 죽고 난 후 재가 되어 이곳에 뿌려지는 것이 그들이 바라는 유일한 소망이다. 그래서 지금도 많은 순례자들이 생의 최종 목적지인 갠지스 강을 향해 오고 있다. 인도인들의 성지 갠지스 강. 나는 이곳에서 그들의 삶과 죽음을 함께 보았다.

4 표시한 내용을 질문으로 만들어 보세요. 그리고 만든 질문이 어느 질문에 속하는지 〈질문 분류〉 칸에 표시해 보세요.

NO	질문(궁금한 점)	질문 분류				
		답	배	추	토	연

인도인들의 영원한 안식처 갠지스 강

평가하기

5 아래 질문을 통해 오늘 수업을 평가해 보세요.

1️⃣ 질문 종류 중 내가 가장 많이 한 질문은 무엇인가요?

....

....

....

2️⃣ 내가 만든 질문 중 가장 마음에 드는 질문 종류는 무엇인가요?

....

....

....

3️⃣ 위 2번에 답한 질문 종류가 마음에 드는 이유는 무엇인가요?

....

....

....

4️⃣ 질문을 하며 글을 읽는 것이 본문 이해에 어떤 도움이 되었나요?

....

....

....

NO	질문 (궁금한 점)	질문 분류				
		답	배	추	토	연
1	인도에는 거지가 많다고 한다. 인도를 부강하고 사람들을 잘 살게 하기 위해서는 무엇을 해야할까?				○	
2	인도 사람들은 닭고기를 빼고는 야채를 먹는 채식주의자이다. 종교 때문에 특정한 음식을 금하는 것. 인도 사람들에게 과연 좋은 것일까?				○	
3	샤자한 황제가 세운 델리의 붉은 성에는 다이아몬드로 만든 가장 아름다운 옥좌가 있는데 그 옥좌는 무엇이라고 불리는가?	○				
4	인도의 신들 중 한 명인 시바의 이마에는 제3의 눈이 있다고 한다. 인도 사람들은 그 눈이 떠지는 날. 어떤 일이 생긴다고 믿는가?	○				
5	인도 어린이들은 관광객들에게 "10루피,10루피"라고 외치며 구걸을 한다. 무슨 생각으로 구걸을 할까?			○		
6	우리나라 사람들이 외국인에게 "어느 나라에서 왔니?"라고 물어보는 것처럼 인도사람들은 외국인들에게 사람의 이름과 아버지의 이름을 물어본다고 한다. 왜인가?					○
7	칼리 사원에 아기염소를 제물로 바치는 것은 무슨 이유일까?		○			
8	인도의 대표적인 음식은?	○				

'인도야 인도야 나마스테!'를 읽고…

〈인도야 인도야 나에게!〉를 읽고...

NO	질문 (궁금한 점)	질문 분류				
		답	배	추	토	연
1.	낙타걸음이 느려질때 마다 몰이꾼들은 어떻게 해서 낙타의 걸음이 빨라지도록 합니까?	○				
2.	영토라이는 불교, 힌두교, 자이나교 사원들이 모두 몇개가 있습니까?		○			
3.	어떤 사람은 인도를 신성한 나라로 생각하지만 어떤사람은 인도가 무섭다고 하는 사람들도 있습니까. 여러분은 누구의 의견이 친성합니까?					○
4.	칼리사원에서 조금떨어진곳, 마더 테레사 수녀 선교회 에서 운영하는 곳의 이름은 무엇입니까?	○				
5.	칼리는 무엇이며 누구의 부인 입니까?	○				
6.	바라나시가 사람들을 미치게 만드는 이유는 무엇 입니까?				○	
7.	강북의 계단 다른 말로 강둑에 닿는 계단이라고도 이르하는 계단의 이름은 무엇입니까?	○				
8.	바라나시에 있는 갠지스강을 다른말로 무라꺼라고 누가 신의 도움으로 땅에 내려왔다는 신성한강입니까?	○				
9.	바라나시에 있는 강 이름은 무엇입니까?	○				
10.	여러분은 갠지스강이 신성하다고 느껴집니까 아니면 죽으면 아궁에서 화장하고 남은 뼛가루를 뿌리고 시체가 남겨지는 이망이 드글고 불길한 강이라고 생각되십니까?					○
11.	여러분은 더운 남쪽으로 가면 좋았습니까 아님 추운 북쪽으로 가고 싶었습니까?	○				
12.	여러분은 사막을 다른말로 무라고 표현해보고 싶었습니까?					○

그려 보기

그려 보기란?

글의 의미를 파악하기 위해 마음속에 떠오르는 시각적 이미지를 직접 그려 보는 읽기 방법이다.

독해에 능숙한 학생은 글을 읽을 때 모든 감각을 동원하여 이미지를 만들어 낸다. 글을 읽으면서 그려 보기를 하면 자신에게만 속해 있는 마음속의 그림들을 마음껏 상상해 낼 수 있다. 이런 활동은 학생들에게 글 읽는 기쁨을 가져다준다.

따라서 그려 보기 활동을 통해 학생들은 감각적 상상력을 자극받게 된다. 나아가 여러 요소들(단어, 그림, 사건 등)이 어떻게 어울려 글 구조를 형성해 내는지 깨닫게 된다.

1 교사는 마음속에 그릴 수 있는 시각적 이미지가 무엇인지 예를 들어 설명해 준다. 여기서 시각적 이미지란 어떤 단어를 읽었을 때 그 단어와 연상하여 머릿속에 그려지는 이미지를 뜻한다.

2 그려 보기 전략은 그림을 잘 그리는 것보다 마음속에 상상한 이미지를 얼마나 잘 표현했느냐에 중점을 두어야 한다. 만약 그림에 자신 없어 하는 학생이 있다면, 쉽게 참여할 수 있도록 자신감을 심어 준다.

'그려 보기' 적용 방법

1 지문을 읽으면서 마음속에 시각적인 이미지를 떠올려 본다. 이때 상상한 이미지가 어떤 단어에서 연상되었는지 생각해 본다.

2 연상된 단어를 지문에서 찾아 표시한 후, 활동지 〈연상 어휘〉 칸에 적어 본다.

3 〈연상 어휘〉에 기록된 단어를 참고하여 활동지에 그림을 그려 본다.

4 그리기가 완성되면, 각자 돌아가며 자신의 그림을 소개해 본다.

5 어느 친구의 그림이 지문과 어울리는 시각적인 이미지를 표현했는지 평가해 본다.

읽기 방법 미리 보기

1 다음은 '그려 보기'를 활용한 예입니다. 아래 자료를 통해 '그려 보기' 전략 방법을 알아 보세요.

우리 마을에 마술사가 나타났다. 그는 아이들을 모아 놓고 소원을 말해 보라고 했다. 한 아이가 계절에 상관없이 과일을 마음껏 먹고 싶다고 했다. 내 옆에 있던 친구는 먹고 싶은 것은 무엇이든 시켜 먹을 수 있는 음식점이 있었으면 좋겠다고 했다. 꽃을 좋아하는 나는 꽃을 마음대로 구할 수 있는 가게를 원했다. 이 외에도 많은 아이들이 돌아가며 자신의 소원을 말하기 시작했다. 어떤 아이는 멋진 집, 어떤 아이는 장난감 등 수많은 소원이 아이들의 입에서 쏟아져 나왔다. 그러자 마술사는 크게 웃으며 주문을 외우기 시작했다.

연상 어휘

마술사

과일

음식점

꽃

장난감

멋진 집

소원

2 선생님과 함께 지문을 읽은 후 '그려 보기' 적용 방법을 배워 보세요.

나는 상상한다. 내일은 오늘과 다른 희망이 있을 거라고. 아침이 되면 모두가 잠든 밤사이에 많은 것들이 변해 있을 것이다. 뒷동산에는 새들의 지저귀는 노랫 소리가 들리며, 여기저기서 뛰어노는 아이들의 목소리도 들릴 것이다. 하늘에서는 요정이 내려와 우리 마을에 봄을 가져다줄 것이다.

요정은 하얀 날개를 펼치며 여기저기를 날아다닌다. 요정의 머리에는 반짝반짝 빛나는 왕관이 씌여 있다. 손에는 별을 단 지팡이가 들려 있다. 난쟁이 요정이 지팡이를 한 번 휘두를 때마다 적막한 마을은 빛을 내뿜는다. 무지개 빛깔은 아름다운 향기를 내뿜으며 뒷동산에 마술을 뿌린다.

향기로운 꽃들이 만발하여 꿀을 찾아 날아다니는 나비들이 춤을 춘다. 토끼가 풀숲을 뛰어다니고 다람쥐가 나무 위를 오르고 있다. 여기저기서 들려오는 아이들의 웃음소리는 우리 마을에 평화가 찾아왔음을 알려 준다. 산 아래는 아름다운 풍경을 담으려는 옆집 아저씨가 이젤을 편다. 이제 그는 그림 주제를 찾을 수 있다. 춤추듯 빨리 움직이는 아저씨의 붓에서는 '평화'가 펼쳐진다.

연상 어휘

읽기 방법 적용하기

3 아래 글을 읽은 후, '그려 보기'를 적용하고 싶은 한 장면을 선택하세요. 그런 후, 다시 한 번 그 부분을 읽으면서 마음속에 시각적인 이미지를 떠올려 보세요.

나의 첫 사냥

한수초등학교 6학년 변효린

우리 마을은 여자들만 산다. 우리가 입는 옷은 간편하다. 어릴 때는 아무것도 걸치지 않고 살지만 어느 정도 나이가 되면 풀잎으로 엮은 옷을 입는다. 그러나 우리가 만든 옷은 몸을 보호하기 위해 신체의 중요한 부분만 살짝 가려 주게 디자인되었다. 왜냐하면 우리 부족 사람들은 평소에 활동량이 많아 최대한 가벼운 차림으로 움직여야 하기 때문이다.

오늘은 부족 어른들이 사냥을 하러 간 날이었다. 나도 이제 어느덧 어른 반열에 들어 사냥하는 나이가 되었다. 오늘은 나의 첫 사냥이기도 했다. 사냥을 위해 우리는 미리 만들어 둔 총에 바늘을 꽂았다.

바늘 만드는 방법은 먼저 흙과 모래, 나무로 몸체를 만든다. 그런 후 구리를 녹여서 몸체 위에 씌우면 바늘이 완성된다. 이어 완성된 바늘 끝에 독을 묻히면 사냥 준비가 완료된다.

우리는 독이 묻은 바늘을 주머니에 매달았다. 바늘을 넣고 다니는 주머니는 독이 우리 몸에 닿지 않도록 특수하게 제작되었다. 우리는 주머니를 끈으로 묶어 허리에 차고 숲으로 출발했다.

우리 부족의 대장이신 파로라 할머니는 연세가 많지만 언제나 팔팔하시다. 파로라 할머니가 앞장서서 총에 바늘을 넣고, 조심조심 숲을 살피며 걸었다. 그 뒤를 나와 부족 어른들이 뒤따랐다.

그때 새 한 마리가 푸드덕 날아올랐다. 파로라 할머니는 재빨리 총을 입으로 가져와 불었다. 독이 묻은 바늘은 새를 향해 정확하게 날아갔다. 바늘에 맞은 새는 땅에 떨어져 푸드덕거리다 움직임을 멈추었다. 뒤따라오던 나와 동갑인 테일리는 바구니에 새를 조심스레 주워 담았다. 첫 사냥감에 우리 모두는 흡족한 얼굴로 다음 사냥감을 찾아 나섰다.

잠시 후 갑자기 어디선가 곰이 나타났다. 테일리의 앞에 있던 나는 파로라 할머니에게 얼른 신호를 보냈다. 할머니는 준비한 총으로 곰을 맞혔다. 할머니뿐만 아니라 다른 어른들도 모두 힘을 합쳐 입으로 바늘을 불었다. 여기저기서 날아오는 바늘이 곰의 몸에 꽂혔다. 여러 군데 바늘이 꽂혔는데도 불구하고 곰은 죽지 않고 더욱 날뛰었다. 테일리는 그 자리에 엎드려 있었다. 테일리의 얼굴은 하얗게 질려 있었다. 너무 놀라 울지도 못하고 소리치지도 못했다.

모든 사람들이 다시 곰을 향해 바늘을 쏘았다. 워낙 덩치가 큰 놈이라 우리를 향해 달려드는 모습에 나는 사지가 부들거렸다. 한참을 날뛰며 공격하는 곰은 우리의 대항에도 꿈쩍하지 않는 것 같았다. 그러나 시간이 어느 정도 지나자 곰의 공격이 점점 수그러들었다. 이때 부족 중 젊은 어른이 다가가 긴 막대로 곰의 머리를 내리쳤다. 연이어 큰 돌을 들고 온 어른이 곰의 눈을 향해 던졌다. 상처를 입은 곰은 크게 울부짖었다. 그 소리는 내 귀를 찌르듯이 크게 울려 퍼졌다.

이제 곰의 움직임이 둔해졌다. 독이 곰의 몸 전체에 점점 퍼지는 것 같았다. 얼마 지나지 않아 상처 입은 곰은 완전히 뻗어 버렸다. 우리는 천천히 곰을 향해 다가갔다. 우리 중 누군가가 곰의 몸을 발로 툭툭 차 보았다. 곰은 꿈쩍도 하지 않았다. 이제 완전히 죽은 것 같았다. 우리 모두는 곰의 죽음을 확인한 후 부둥켜안았다. 죽음의 공포에서 벗어난 기쁨과 곰을 사냥했다는 기쁨이 온몸에 퍼졌다.

우리는 이제 곰의 몸에서 바늘을 떼어 냈다. 가죽이 두꺼워서인지 쉽사리 빠지지 않았다. 얼른 곰의 몸에서 독을 빼내는 작업을 했다. 그 일은 경험이 많은 파로라 할머니의 몫이었다. 다른 사람들은 곰을 옮길 막대와 널빤지를 만들어야 했다. 우리는 얼굴에 웃음을 한가득 담고 막대와 널빤지를 준비하러 여기저기를 돌아다녔다.

작업을 마친 후 우리는 곰을 끌고 마을로 향했다. 마을 어귀에는 우리를 맞이하러 나온 사람들로 북적거렸다. 아마 우리 중 한 사람이 소식을 전하기 위해 미리 출발했을 것이다. 모두들 기뻐 날뛰며 박수로 우리의 대사냥을 축하해 줬다. 나는 우쭐했다. 어른이 된 후 처음으로 간 사냥에서 큰 먹잇감을 구한 것이다. 우리 부족은 당분간 먹잇감을 구하러 나가지 않아도 된다.

곰 가죽은 첫 사냥터를 따라간 나와 내 동료에게 선물로 돌아왔다. 나의 첫 사냥은 이렇게 시작되었다.

4 어떤 단어를 통해 이미지가 연상되었는지 선택한 지문에서 찾아 〈연상 어휘〉 칸에 적어 보세요. 그런 후, 마음속에 떠오른 이미지를 그려 보세요.

연상 어휘

 **평가하기**

5 아래 질문을 통해 오늘 수업을 평가해 보세요.

NO	평가 내용	아주 잘함	잘함	보통	조금 부족	부족
1	내가 그린 그림이나 삽화가 글의 내용과 일치하나요?					
2	마음속에 상상한 이미지가 그림으로 잘 표현되었나요?					
3	지문에서 찾아본 '연상 어휘'가 내가 그린 그림에 잘 나타나 있나요?					

1 '그려 보기'를 적용한 읽기 방법이 글을 이해하는 데 도움이 되었나요?

....

....

....

....

2 만약 도움이 되지 않았다면, 그 이유는 무엇이라고 생각하나요? (해당자만 답하세요.)

....

....

....

....

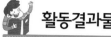

연풍초등학교 6 임재준

중심 내용 결정하기

중심 내용 결정하기란?

글에서 중요하다고 생각하는 정보를 학생 스스로 결정하며 읽는 읽기 방법이다.

특히 비문학일 경우 학생들은 정보를 얻고 기억하기 위해 글을 읽는다. 그들은 중요한 정보를 분류하고 가려내어 필요한 정보나 지식을 자신들의 기억 속에 저장시킨다. 이런 활동을 통해 학생들은 스스로 정보를 습득하는 방법을 익힐 수 있다. 또한 중요한 정보가 무엇인지 결정을 내리면서, 그 정보에 대한 정확하고 체계적인 지식을 습득하게 된다.

기존의 중심 내용 찾기에서 한 걸음 더

이번 수업은 기존의 "중심 내용 결정하기"에서 한 걸음 더 나아가 학생 스스로 중요한 정보를 찾은 후, 그 정보에 대해 더 깊이 생각해 보는 활동이다. 단순한 중심 문장 찾기에서 벗어나 중요한 정보를 활용하여 사고를 확장할 수 있도록 한다.

교사 참고사항

1 이번 수업에 사용된 지문은 서양화가 '반 고흐'에 대한 내용이다. 교사는 수업에 들어가기 전에 '반 고흐'와 관련된 자료를 충분히 준비해야 한다. 이번 읽기 전략은 지문과 관련된 배경지식의 여부에 따라 학생들의 활동에 영향을 줄 수 있기 때문이다.

2 교사가 준비한 자료를 먼저 전달하기보다 '반 고흐'에 대한 학생들의 배경지식을 묻는 활동이 선행되어야 한다. 학생들의 다양한 발표는 다른 학생들에게 배경지식을 쌓는 좋은 경험이 될 것이다.

'중심 내용 결정하기' 적용 방법

1 지문을 읽으면서 실제 일어난 사실 중 중요하다고 생각되는 정보를 찾아 표시해 본다.

2 표시한 정보 중 질문하고 싶은 정보는 따로 구분하여, 활동지 〈사실〉 칸에 적어 본다.

3 활동지 〈사실〉 칸에 기록된 정보와 관련된 질문을 〈질문〉 칸에 적어 본다. 이때 질문 내용과 수는 자신이 자유롭게 결정한다.

4 자신이 질문한 내용을 바탕으로 활동지 〈응답〉 칸에 답을 적어 본다. 답은 지문에서 찾을 수도 있고, 자신이 기존에 알고 있는 정보를 요약해도 상관없다. 혹 자신이 직접 추측해 볼 수 있는 답이라면 그 생각을 적어도 좋다.

5 활동지가 완성되면 돌아가며 발표한 후, 오늘 수업을 평가해 본다.

 만약 학생이 찾은 중요한 정보가 교사의 의도에 못 미치더라도, 교사는 학생이 결정한 정보를 인정하도록 한다. 중요한 정보는 아니지만 그 정보를 활용하여 학생들의 사고를 확장할 수 있다면 의미 있는 수업 활동이 될 수 있다. 또 친구들의 발표를 통해 자신이 놓친 정보를 스스로 깨닫는 계기도 마련할 수 있다.

읽기 방법 미리 보기

1 다음은 책『세상 모든 화가들의 그림 이야기(장세현, 꿈소담이)』중 '밀레'에 대한 내용을 읽고 '중심 내용 결정하기'를 적용한 읽기 방법입니다. 아래 자료를 통해 '중심 내용 결정하기' 전략 방법을 알아보세요.

『세상 모든 화가들의 그림 이야기』중 장 프랑수아 밀레에 대해…

사실	질문	응답
사람들은 밀레의 작품〈이삭줍기〉,〈저녁종〉등을 보고 칭찬을 아끼지 않았다.	사람들은 왜 밀레의 작품을 좋아했을까?	수수하면서도 농부의 마음을 잘 읽고 그렸기 때문이다.
농촌 풍경과 들판에서 일하는 농부를 즐겨 그린 밀레는 파리의 화가들에게 종종 비웃음거리가 되었다.	밀레는 이런 비난을 받고도 왜 계속 시골 풍경을 그렸을까?	어렸을 때부터 시골 농촌에서 살았던 밀레는 농촌을 풍경으로 한 그림을 그릴 때마다 자신의 고향에 와 있는 듯한 느낌을 받았다. 그래서 시골 사람들의 땀방울이 도시보다 좋다고 느꼈기 때문이다.
〈저녁종〉에서는 젊은 부부가 종소리를 듣고 경건한 마음으로 고개를 숙이며 기도를 하고 있다.	기도를 하고 있는 젊은 부부는 무슨 마음과 바람으로 기도를 했을까?	그들은 저녁종이 울린 후 하루 일과가 무사히 끝났으니 하나님께 감사하는 마음이 컸을 것이다. 또 더 많은 곡식을 얻게 해 달라는 바람을 가지고 기도를 드렸을 것이다.

읽기 방법 익히기

2 선생님과 함께 지문을 읽은 후 '중심 내용 결정하기' 적용 방법을 배워 보세요.

고흐의 열정

반 고흐

고흐는 네덜란드에서 목사의 아들로 태어났어요. 그래서인지 어릴 때부터 꿈이 목사였어요. 그는 목사가 되기 위해 모든 노력을 다 기울였어요. 목사가 되면 언제까지나 가난한 사람들을 돌보아 줄 수 있다고 생각했어요. 하지만 그의 희생적인 마음에도 불구하고 일이 뜻대로 되지 않았어요. 전도사 자격시험에 번번이 떨어졌으니까요. 목사가 되기 위해서는 전도사 자격시험을 꼭 통과해야 돼요. 그런데 시험이 생각보다 쉽지 않았나 봐요.

그렇지만 고흐는 끝까지 포기하지 않았어요. 고흐의 노력을 안타깝게 여긴 교회 관계자들이 그를 보리나주의 탄광촌으로 보내 주었어요. 그곳에서 고흐는 사람들을 돌볼 수 있었어요. 얼마 되지 않는 자신의 월급을 굶주린 사람들을 위해 사용했어요. 그들에게 식량을 구해 주었고, 옷이 없는 사람들에게는 자신의 속옷까지도 벗어 주었어요. 탄광촌 사람들은 고흐를 '보리나주의 젊은 예수'라고 부르며 좋아했어요. 그러나 이런 고흐를 못마땅하게 여기는 사람들도 생겨났어요. 바로 교회 관계자들이었지요. 그들은 고흐의 열성을 오히려 지나치다고 생각했어요. 결국 고흐는 그곳을 떠나게 되었어요. 자신의 꿈도 포기할 수밖에 없었지요.

고흐는 다른 꿈을 꾸게 되었어요. 바로 그림을 그리는 것이었어요. 고흐는 27살 무렵에 처음으로 그림을 그리기 시작했어요. 무엇이나 항상 열정을 다하는 고흐는 그림에서도 온 열정을 쏟아부었어요. 고흐의 내면에서 끓어오르는 정열은 이제 그림을 통해 발산되었어요.

빈센트 반 고흐(1853 – 1890)에 대해…		
사실	질문	응답

3 다음 글을 읽으면서 중요하다고 생각되는 정보를 찾아 표시해 보세요. 그런 후 질문하고 싶은 정보는 따로 구분해 보세요.

한쪽 귀가 없는 고흐의 자화상

〈자화상〉

무명 화가인 고흐는 프랑스 남쪽 아를르의 작은 방에서 혼자 살고 있었어요. 어느 날 자신보다 5살쯤 많은 고갱이 찾아왔어요. 둘은 그 집에서 함께 지내기로 했어요. 그러나 두 사람은 성격 차이로 인해 자주 다투게 되었지요. 싸움은 언제나 고갱의 승리로 끝났어요.

그러던 어느 날 고흐는 고갱과 또 말다툼을 하게 되었어요. 화를 참지 못한 고흐는 그만 자기의 귀를 자르고 말았지요. 이 일이 있은 후 고갱은 파리로 돌아가 버렸어요. 아를르의 마을 사람들도 큰 충격에 빠졌지요. 하지만 병원에서 나온 고흐는 귀가 잘린 자신의 자화상을 2점이나 그렸답니다.

이 사건이 있은 뒤, 마을 사람들은 고흐를 예전처럼 대할 수 없었어요. 그들은 고흐가 어떤 일을 벌일지 항상 마음 졸이며 살았어요. 결국 마을 사람들의 고발로 고흐는 정신병원에 끌려가게 되었어요.

프랑스 생레미에 있는 정신병원에서 고흐는 의사의 치료를 받으며 지냈어요. 동생 테오의 도움으로 그림도 계속 그릴 수 있었지요. 병원에서 지내는 고흐는 마음속에 있는 절망과 외로움을 모두 그림으로 표현했어요. 그렇지만 고흐의 외로움은 무엇으로도 달랠 수 없었답니다. 고독과 절망 속에서 생활하던 고흐는 결국 37살의 나이로 생의 마지막을 선택하고 맙니다. 테오의 정성 어린 보살핌에도 불구하고 고흐는 병원에서 스스로 목숨을 끊었어요.

고흐가 남긴 걸작들은 3년 동안 그린 작품이 대부분이에요. 전부 아를르에서 시작하여 병원에서 생을 마칠 때까지 그린 그림들이에요. 고흐의 그림은 그의 절망과 고독과 더불어 몇백 년이 지난 지금도 우리에게 전해지고 있답니다.

불꽃같은 고흐의 열정

〈별이 빛나는 밤〉

〈별이 빛나는 밤〉은 고흐가 정신병원에서 그린 작품이에요. 이 그림은 고흐의 감정을 강렬하게 나타낸 대표작이지요. 굵은 붓 자국이 물결처럼 휘어져 고흐만의 독특한 특징을 나타내고 있답니다.

고흐는 눈에 보이는 장면을 사실적으로 묘사하지 않았어요. 보이는 그대로 그림을 그리기보다 마음에서 느껴지는 그림을 표현했지요. 그 당시 고흐처럼 그림을 그린 사람은 없었어요. 마음의 눈을 그림으로 표현한 최초의 화가인 셈이죠. 고흐의 작품을 보고 있으면 그의 불안하고 격정적인 감정이 그림을 통해 강렬하게 전달되는 것을 느낄 수 있답니다.

〈별이 빛나는 밤〉에서 가장 눈에 띄는 부분은 왼쪽에 솟아 있는 사이프러스 나무예요. 마치 불꽃이 타오르는 듯이 나무는 하늘을 향해 뻗어 있어요. 그 뒤로 뾰족한 교회 첨탑이 나무와 대조적으로 서 있어요. 주위에는 여러 집들이 모여 마을을 이루고 있고요. 반짝이는 밤하늘에는 별들이 곧 쏟아질 듯이 빛을 품고 있어요. 달은 큰 빛을 발하며 하늘에 떠 있어요. 그 사이로 바람이 살아서 움직여요. 마치 바다의 파도가 철썩이듯 밤하늘에서 물결치고 있어요. 고흐는 이 작품을 통해 무엇을 표현하고 싶었을까요?

작품 〈해바라기〉에서도 불꽃처럼 타오르는 고흐의 정열을 찾아볼 수 있어요. 〈해바라기〉는 고갱을 위해 그려진 그림이에요. 어느 날 동생 테오에게 고갱을 소개받은 고

〈해바라기〉

흐는 그를 위한 환영의 표시로 이 그림을 그렸답니다. 고흐 집에 도착한 고갱은 해바라기를 보면서 꽃 중의 꽃이라고 감탄했어요. 고흐의 해바라기는 마치 이글이글 타오르는 불꽃처럼 살아서 움직였으니까요.

이렇듯 고흐의 그림은 불꽃같은 열정으로 가득 차 있어요. 밤하늘의 별도 고흐에게는 신비로운 그림으로 탄생하게 되지요. 고흐의 이런 열정은 아쉽게도 생전에는 인정받지 못했어요. 뚜렷하고 대담한 고흐의 색채를 그 당시 사람들은 이해할 수 없었으니까요. 자신의 내적 표현을 강한 터치로 독특하게 그려 낸 고흐는 그렇게 사람들로부터 외면되어 갔어요. 고흐의 유일한 정신적 지주이자 물질적 도움을 준 동생 테오만이 고흐의 작품을 알아주었지요.

만약 불꽃같은 열정을 담은 고흐의 그림을 그 당시 누군가가 알아주었다면, 고흐의 인생은 달라졌을까요? 아니면 그의 마음만이라도 알아주는 누군가가 있었다면, 고흐는 다른 평범한 삶을 살았을지도 몰라요. 만약 그랬다면… 자신의 외로움과 슬픔을 이기지 못하고, 결국 가슴에 총을 쏘고 마는 불행한 일이 발생하지 않았을 수도 있었을 거예요.

4 앞 지문에서 표시한 정보 중 질문하고 싶은 내용을 먼저 〈사실〉 칸에 정리해 보세요. 그런 후 그 내용에 대한 질문은 〈질문〉 칸에, 답은 그 옆 〈응답〉 칸에 적어 보세요.

빈센트 반 고흐(1853 – 1890)에 대해…		
사실	질문	응답

5 아래 질문을 통해 오늘 수업을 평가해 보세요.

1️⃣ 오늘 읽은 글을 통해 알게 된 새로운 사실은 무엇인가요?

....

....

....

....

2️⃣ 다음 보기 중 자신이 가장 많이 한 질문에 표시해 보세요.

보기
① 지문에 답이 있는 질문 ② 자신이 이미 알고 있는 지식에 대한 질문 ③ 정확한 답은 모르지만 추측해 볼 수 있는 질문 ④ 답을 알 수 없는 질문 ⑤ 기타 (   )

3️⃣ '중심 내용 결정하기' 전략이 글에 나온 정보를 기억하는 데 도움이 되었나요?

답	그렇게 답한 이유
예	
아니요	

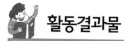
세상 모든 화가들의 그림 이야기 중, 장 프랑수아 밀레에 대하여···

사실	질문	응답
◦사람들은 밀레의 작품, <이삭 줍기> <저녁종> 등을 보고 칭찬을 아끼지 않았다.	◦사람들은 왜 밀레의 작품을 좋아했을까?	◦수수하면서도 농부의 마음을 잘 알고 그렸기 때문이다.
◦농촌 풍경과 들판에서 일하는 농부를 즐겨 그린 밀레는 파리의 화가들에게 종종 비웃음거리가 되었다.	◦밀레는 이런 비난을 받고도 왜 계속 시골풍경을 그렸을까?	◦어렸을 때부터 시골 농촌에서 살았던 밀레는 농촌을 풍경으로 한 그림을 그릴 때마다 자신의 고향에 와 있는 듯한 느낌을 받고, 시골 사람들의 땀방울이 도시 보다 좋다고 느꼈기 때문이라고 나는 생각한다.
◦저녁종에서는 젊은 부부가 종소리를 듣고 경건한 마음으로 고개를 숙이며 기도를 하고 있다.	◦기도를 하고 있는 젊은 부부는 무슨 마음과 바램으로 기도를 했을까?	◦그들은 저녁종이 울린 후 하루 일과가 무사히 끝났으니 감사하고 더 많은 곡식을 얻게 해 달라는 바램을 가지고 기도를 하고 있다고 생각한다.

김성윤♡

<세상 모든 화가들의 그림이야기>중 샤갈에 대하여···

사실	질문	응답
샤갈의 작품 <나와마을>의 왼쪽부분에는 산양의 머리 부분이 그려져 있다.	산양을 왜 그렸을까?	정확하는 모르겠지만 샤갈이 어렸을 때 산양과 많이 놀아서 인것 같다.
산양 맞은 편에는 샤갈의 옆모습이 그려져 있고 둘은 무언가 재미있는 얘기를 속닥이는듯한 모습이다.	샤갈은 왜 자신의 옆모습을 그렸을까?	정면으로 그리면 뭔가 자기얼굴이 낯뜨거워지니까가 아닌가 생각이 된다.
	샤갈의 옆모습은 초록색 얼굴이 하얀 입술을 이루어져있다. 왜일까?	피카소를 따라하려고 그런것 같다. (피카소도 애매한 색깔의 그림을 그리기 때문에···)
	왜 샤갈과 산양이 이야기를 나눌까?	옛날 놀았던때를 회상하고 느끼고 말하고 싶은 자기감정을 나타내기 위해서 인것같다.
위에는 농부와 거꾸로 서있는 농부의 부인같은 것이 그려져있다.	샤갈은 왜 농부와 여인을 그렸을까? 샤갈은 왜 여인을 거꾸로 서있는 것처럼 그렸을까?	제 개인적인 생각대로에 의하면 농부가 자신을 뜻하고 여인은 자신의 아내인것 같다.
		아내와 자신이 다른곳에서 생활하고 있어서인 것같다.

요약하기

요약하기란?

글을 읽거나 들은 후, 읽은 내용에 대한 기억이나 회상을 다시 정리해 보는 읽기 방법이다. 즉 본문 내용을 자신의 언어로 재구성하는 활동을 뜻한다.

학생들의 생각은 글을 읽으면서 진화한다. 그들은 이미 알고 있는 것에 새로운 정보를 더하여 지식을 통합해 간다. 이때 학생들에게 중요한 것은 단순히 정보를 수용하는 자세에서 벗어나 자기 나름의 관점에서 정보를 재구성하는 능력이다.

따라서 요약하기 전략을 통해 학생들은 다양한 정보를 수집하고 분석하여 정보를 새롭게 창조하는 방법을 배우게 된다. 이 과정에서 불필요한 정보를 걸러 낼 수 있는 실력 또한 자연스럽게 갖추게 된다.

기존에 여러분이 배운 요약하기에서 한 걸음 더

여기서 '요약하기'는 단순히 글의 내용을 압축해서 정리하는 수준을 넘어, 자신만의 지식으로 재창조하는 활동이어야 한다.

교사 참고사항

1 이번 수업은 지문 내용을 교사가 직접 읽어 주는 활동이다. 교사는 먼저 잘 들을 수 있는 수업 환경을 조성한 후, 필요한 정보를 걸러 낼 수 있는 요약 연습을 시키도록 한다.

2 들으면서 중요한 정보를 필기하는 일은 학생들에게 쉽지 않은 활동이다. 교사는 학생들이 필요한 정보를 필기할 때는 단어나 짧은 구절로 간단히 정리할 수 있도록 유도해 준다. 그래서 정말 중요한 정보는 놓치지 않도록 주의를 기울이게 한다.

'요약하기' 적용 방법

1 교사가 들려주는 내용 중에서 중요하다고 생각되는 정보를 활동지 〈사과 모양〉 칸에 간단히 정리한다. 이때 너무 많은 정보를 필기하지 않도록 주의한다. 자신이 기존에 알고 있는 지식보다 '새롭게 알게 된 정보'나 '중요한 정보' 위주로 정리한다.

2 듣기가 끝나면, 자신이 필기한 정보를 한번 훑어본다. 그중 '요약할 내용에 들어갈 정보'와 '그렇지 않은 정보'를 따로 구분해 놓는다.

3 요약할 내용에 들어갈 정보를 참고하여 활동지 밑줄 친 부분에 요약해 본다.

4 활동지가 완성되면, 요약한 내용을 발표해 본다.

5 선생님이 들려준 본문과 내가 요약한 내용을 비교해 본 후, 오늘 수업을 평가해 본다.

읽기 방법 미리 보기

1 다음은 '히틀러와 유태인'에 대한 친구의 조사를 듣고, 정보를 요약한 활동지입니다. 아래 자료를 통해 '요약하기' 전략 방법을 알아보세요.

정보를 요약하기 위해
다시 말해 보기

히틀러 → 사생아
오스트리아(절대주의 국가)
독일인이 대부분   배경
민족 투쟁
독재 : 나치당 ↑
대통령 선거 졌음   독재
독재 체제
자살 → 히틀러의 마지막
군대에 들어가 나치 운동
독일 수상
제2차 세계대전 일으킴

유태인
유대교 신봉
히틀러에게 학살
히틀러 → 유태인 X

히틀러와 유태인

절대주의 국가였던 오스트리아에서 사생아로 태어난 히틀러는 독재 체제를 확립했다. 제1차 세계대전이 일어났을 때에는 독일 군대에 들어가 싸웠지만 다시 나와 정치를 했다. 대통령 선거에서 진 히틀러는 독일 수상, 총통까지 했지만 나치당에 들어가 나치 운동을 하다가 마지막에는 제2차 세계대전까지 일으켰다. 그는 세계대전 도중 유태인을 싫어하여 그들을 많이 학살했는데 그가 유태인을 싫어하게 된 설은 여러 가지가 있다. 히틀러 어머니의 의사가 그녀를 방치해 죽음에 이르게 한 설도 있고 낙방한 미술학교의 심사위원이 유태인이었다는 설도 있다. 유태인은 유대교를 신봉하는 사람들이다. 그들은 2,000년 전부터 나라를 잃고 떠돌이 생활을 하였지만 그들의 교육 방법과 유태인이라는 신념을 잃지 않아 각 나라의 높은 자리에 오르기도 했다. 독일인들은 이런 유태인들을 가스실에 넣어 죽이거나 총살, 생체 실험, 고문 등 여러 가지 잔인한 방법을 써서 학살했다. 이런 만행을 저지른 곳 중 하나가 아우슈비츠이며 실제로 이곳에서는 약 600만 명의 유태인이 살해당했다고 한다.

2 선생님과 함께 지문을 읽은 후 '요약하기' 적용 방법을 배워 보세요.

히틀러

히틀러는 1889년 독일 국경 부근의 오스트리아에 있는 작은 마을에서 태어났습니다. 아버지는 구두닦이로 시작해서 세관 과장직까지 오른 공무원이었습니다. 히틀러에게 있어 아버지는 권위적이었으며 흉포했습니다. 그런 반면에 어머니는 병약했지만 늘 관대했습니다.

히틀러의 아버지는 아들이 자신과 같은 공무원이 되기를 원했습니다. 그러나 히틀러의 꿈은 화가였습니다. 진학 문제로 아버지와 잦은 마찰을 빚은 그는 아버지의 손찌검과 강압으로 결국 실업계 학교에 입학하였습니다. 하지만 아버지에 대한 원망과 반항으로 학업에 불성실했습니다. 불같은 성격의 아버지는 그런 아들을 더욱 엄하고 무섭게 다루었습니다.

히틀러가 13세 때 아버지가 돌아가셨습니다. 비록 아버지와의 불화는 많았지만 히틀러의 충격과 슬픔은 누구보다 컸습니다. 막상 아버지가 돌아가시자 그는 삶의 의욕을 잃었고, 학교에서도 쫓겨났습니다. 다른 학교로 진학해서 겨우 학업을 마친 히틀러는 미술학교로 진학하기를 원했습니다. 하지만 번번이 입학시험에서 떨어졌습니다. 그 후 히틀러는 생계를 위해 그림엽서를 그리며 살았습니다.

히틀러에게 있어 인생의 전환점은 바로 18세 때 유방암으로 고생한 어머니의 죽음과 제1차 세계대전이었습니다. 그는 어머니를 땅에 묻은 후로 한 번도 운적이 없었습니다. 다만 그의 마음속에는 세상에 대한 증오만 가득 찼습니다. 이후 히틀러는 매일 도서관을 다니며 독학으로 지식을 습득했습니다. 그때 민족 신화와 관련된 오페라와 바그너에 심취하게 되면서, 인종이론과 반유태주의를 익히게 되었습니다. 그의 정치 사상도 이 시기에 형성되었습니다.

히틀러는 바그너의 악극처럼 독일이 전쟁에서 반드시 승리하리라고 믿었습니다. 그래서 오스트리아의 징집을 거부하고 독일 보병연대에 자원하여 입대하였습니다.

그러나 독일은 전쟁에서 패했고, 1919년 베르사유 조약으로 처참한 지경에 내몰렸습니다. 전쟁 패배는 히틀러에게 히스테리성 실명을 할 정도로 큰 충격을 주었습니다. 이후 눈이 회복된 그는 정치 세계로 뛰어들었습니다.

독일 노동자당에 입당한 히틀러는 당내에서 가장 유능한 연설가로 활동하였습니다. 그의 탁월한 연설은 많은 추종자를 만들었습니다. 그는 독일 국민에게 국토 확장과 경제 번영을 약속했습니다. 독일 국민의 지지를 얻은 그는 나치당의 지도자이자 총통이 되었습니다. 독일에서 최고 권력자가 된 히틀러는 독일 민족의 생존권을 주장하며 제2차 세계대전을 일으켰습니다.

정보를 요약하기 위해
다시 말해 보기

히틀러

읽기 방법 적용하기

3 다음 지문은 '유태인 대학살'에 관한 내용입니다. 선생님이 들려주는 내용 중, 중요하다고 생각되는 정보를 활동지 〈사과 모양〉 칸에 필기해 보세요.

유태인 대학살

독일의 권력을 장악한 히틀러는 각종 긴급 조치와 법률 개정으로 자신의 견제 세력을 제거해 나갔습니다. 개정된 법률에서 가장 큰 피해자는 유태인이었습니다. 히틀러는 1935년 9월에 '뉘른베르크 법'을 통과시켜 독일 내에 거주하는 유태인들을 독일인과 격리시켰습니다. 예를 들어 독일에 거주하는 유태인들에게 정치에 관련된 모든 투표권을 박탈했습니다. 그들을 관직에서 떠나게 했으며, 독일인과의 결혼도 금지시켰습니다. 결국 유태인들은 독일을 떠날 수밖에 없었습니다.

히틀러는 독일 민족인 아리안족에 대한 우월의식이 강했습니다. 그는 어느 인종보다 아리안족이 더 똑똑하고 강하다고 생각했습니다. 반면에 다른 인종은 열등하다고 생각했습니다. 그가 생각한 열등한 인종에는 집시, 흑인, 유태인 등이 포함되었습니다. 그중에서도 특히 열등하다고 생각한 민족은 유태인이었습니다.

그뿐만 아니라 전 세계 불행의 원인을 유태인에게서 찾았습니다. 유태인들은 교활한 자본의 힘으로 지구상의 민족들을 정복하고 파멸시키려 한다고 철석같이 믿었습니다. 이런 생각은 오스트리아의 정치 선동가인 카를 뤼거에게 영향을 받았을지도 모릅니다. 뤼거는 "거대 자본의 대부분이 유태인들의 것이며, 그들은 상당 부분 언론을 장악하고 있다. 그들의 대중에 대한 영향력은 이 나라에서 상상할 수 있는 최악의 테러를 행하고 있다."고 연설한 정치가였습니다.

이런 그의 병적인 생각은 전쟁이 일어나기 직전인 1938년에 벌어진 유태인 박해 사건에서 찾아볼 수 있습니다. 그는 군중들에게 독일 전 지역에 사는 유태인의 집과 교회에 유리창을 깨고 불을 지르게 했습니다. 그날 예기치 못한 야간 기습으로 유태인들은 공포의 밤을 보내야만 했습니다. 그들은 왜 이런 일을 당하는지 생각할 시간조

차 없었습니다.

그 후 유태인에 대한 박해는 점점 더 심해졌습니다. 히틀러는 전쟁으로 정복한 모든 땅에 사는 유태인들에게 별을 달고 다니게 했습니다. 이 별은 누구나 쉽게 알아볼 수 있는 노란색의 육각형 별입니다. 유태인과 유대교를 상징하는 '다윗의 별'이라고도 합니다. 이 별은 유태인들에게 자긍심을 심어 주는 상징이었습니다. 그러나 이제는 유태인들의 표적이 되었습니다.

노란 별을 달고 사는 유태인들은 모든 생활에서 차별을 받았습니다. 물건을 사러 상점에 가면 사람들은 그들에게 물건을 팔지 않았습니다. 음식을 먹으러 식당에 가도 대부분 쫓겨났습니다. 공공기관도 이용할 수 없었습니다. 유태인들은 어디에도 갈 곳이 없었습니다. 대낮에 길을 걸어 다니면 갑자기 어디선가 나타난 사람들로부터 뭇매를 맞았습니다. 이 외에도 이유 없는 차별은 계속 이어졌습니다. 유태인이 경영하는 상점은 도적떼들의 습격으로 파손되거나 도난당하는 일이 빈번했습니다. 그러나 치안을 담당하는 경찰들은 그들의 고통을 외면했습니다.

히틀러는 유태인에 대한 박해를 여기에서 멈추지 않았습니다. 대부분의 유태인들을 '게토'라는 강제 거주 지역으로 이주시켰습니다. 유태인들은 그곳 철조망에 갇혀 무장한 나치스 군인의 감시를 받으며 살아가야 했습니다. 그들의 불행은 여기에서도 끝나지 않았습니다.

히틀러는 유태인이라는 민족 자체를 말살시키고 싶었습니다. 그는 게토에 있는 유태인뿐만 아니라 점령한 국가에 있는 모든 유태인들을 강제 수용소로 끌고 갔습니다. 각국에서 붙잡힌 유태인들은 가족과 헤어져 수백 개의 수용소로 옮겨졌습니다. 그리고 수용소에서 실험용 쥐가 되어 다양한 방법으로 죽어 갔습니다. 그중 가장 참혹하고 잔인하다고 알려진 집단 학살 수용소는 독일 뮌헨에 있는 다카우 수용소와 폴란드에 있는 아우슈비츠 수용소였습니다. 그곳 가스실에서 수많은 사람들이 나치에 의해 학살되었습니다.

제2차 세계대전이 끝날 때까지 이렇게 죽어 간 유태인들이 약 600만 명이었습니다. 그것은 인류 역사상 일찍이 없었던 민족 대학살이었습니다. 히틀러에 의해 죽은 사람은 유태인뿐만이 아니었습니다. 집시, 장애인, 동성애자 그리고 정치적 반대파들까지 집단 수용소에서 유태인들과 함께 목숨을 잃었습니다.

승승장구하며 전쟁에서 승리하던 독일이 1945년 노르망디 상륙 작전을 계기로 전쟁에서 패했습니다. 연합군에 의해 제2차 세계대전이 끝났습니다. 그동안 죽음의 수용소에 대한 소문은 사람들 사이로 퍼져 갔습니다. 하지만 그 소문을 믿는 사람은 많지 않았습니다.

독일이 항복한 후 연합군에 의해 수용소가 발견되었습니다. 수용소에 간 사람들은 자신이 본 광경을 믿을 수 없었습니다. 차마 눈 뜨고는 보지 못할 참혹한 장면이 눈앞에 펼쳐졌습니다. 수용소에서 나온 산더미 같은 시체와 유태인들의 유품들이 그 소문이 진실임을 말해 주고 있었습니다. 연합군 사령관은 독일인들을 유태인 시체 앞에 불러 모았습니다. 이어 히틀러가 저지른 참상과 전쟁의 참혹함에 대해 연설했습니다. 독일인들에게 있어 그날은 절대로 잊을 수 없는 하루였습니다.

히틀러는 1945년 4월 30일 베를린의 지하 벙커에서 권총으로 자신을 쏘아 자살했습니다. 그는 죽었고 전쟁도 끝났습니다. 그러나 그가 남긴 상처는 인류 역사에서 가장 뼈아픈 상처이자 수치가 되었습니다.

4 〈사과 모양〉 칸에 정리된 내용 중, 필요한 정보를 모아 밑줄 친 부분에 요약해 보세요.

정보를 요약하기 위해
다시 말해 보기

유태인 대학살

 **평가하기**

5 아래 질문을 통해 오늘 수업을 평가해 보세요.

🔲 선생님이 들려준 내용과 자신이 정리한 내용을 비교해 본 후 아래 내용에 답하세요.

① 꼭 필요한 정보로 내용이 정리되어 있나요?

답	그렇게 답한 이유
예	
아니요	

② 선생님이 들려준 내용과 자신이 정리한 내용 중 차이점이 있다면 무엇인가요?

차이점	

🔲 '요약하기' 전략이 글에 나온 정보를 기억하는 데 어떤 도움이 되었나요?

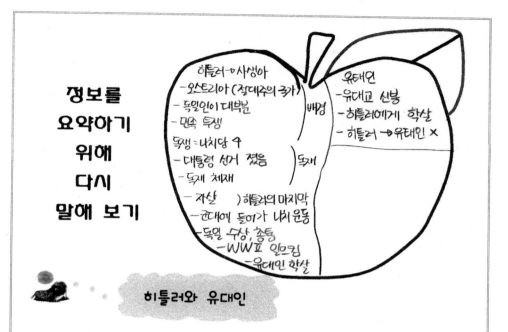

정보를
요약하기
위해
다시
말해 보기

히틀러와 유대인

절대주의 국가였던 오스트리아에서 사생아로 태어난 히틀러는 독재 체재를 환영했다. 제 1차 세계대전이 일어났을 때에는 독일 군대에 들어가 싸웠지만 다시 나와 정치인을 했다. 대통령 선거에서 진 히틀러는 독일 수상, 총통까지 했지만 나치당에 들어가 나치 운동을 하다가 마지막에는 제 2차 세계대전까지 일으켰다. 그는 세계대전 도중 유태인을 싫어하여 그들을 많이 학살했는데 그가 유태인을 싫어하게 된 설은 여러가지가 있다. 히틀러의 어머니의 의사가 그녀를 방치해 죽음에 이르게 한 설도 있고 낙방한 미술학교의 심사위원이 유태인이었다는 설도 있다. 유태인은 유대교를 신봉하는 사람들이다. 그들은 2000년 전부터 나라를 잃고 떠돌이 생활을 하였지만 그들의 교육방법과 유태인이라는 신념을 잃지 않아 각 나라의 높은 자리에 오기도 했다. 독일인들은 이런 유태인들을 가스실에 넣어 죽이거나, 총살, 생체실험, 고문 등 여러가지 잔인한 방법을 써서 학살했다. 이런 만행을 저지른 곳중 하나가 아우슈비츠이며 실제로 이곳에서는 약 600만 명의 유태인들을 살해했다고 한다. 우리는 이런 역사를 숨기지 않고 반성해서 인간이 자신과 같은 인간을 상대로 잔인한 만행을 피해야 한다고 생각한다.

정보를 요약하기 위해 다시 말해 보기

히틀러와 유대인

1889년에 태어나 1945년에 죽은 히틀러는 어려서부터 자신의 아빠와 충돌이 많았다.

히틀러의 꿈이 그 이유였는데, 히틀러의 꿈은 화가였고, 그 당시 공무원이었던 히틀러의 아버지는 자신의

아이들이 자신처럼 공무원이 되길 바랐다고 한다. 그래서 히틀러의 좋던 학교성적은 충돌로 인해 떨어졌고

13살과 18살 때 차례로 엄마아빠가 죽어 공부에 빠졌다고 한다. 그 외에 비에 꿈이 있던 히틀러는
세계대전이 터질 무렵

미술학교에서 떨어져 꿈이 좌절되었다. 그리고 독일군대에 갔다. 자신의 고국인 오스트리아를 버리고 자

신이 독일인이라고 생각해서 독일의 군인이 된 것이다. 히틀러는 독일군대에서 열심히 일해 상도 받았지만

군대를 나오고 정치인이 되었다. 히틀러가 정치를 하고 있을 때 독일이 졌다. 그래서 히틀러는 또 한 군대를 키워

전쟁에 나갔다. 그리고 많은 국민들은 그를 따랐다. 이렇게 히틀러는 어떻게 죽었을까? 바로 자살이다. 히틀러는
자신의 부하도 믿지 못하였다고 한다. 그러면 히틀러에게 박력받고 학대받던 유대인들은 어떻게 해서 그의
적이 되었을까? 현재까지 여러 설이 있는데 그 중에서도 비에서 본 유대인에게 학대받던 독일인을 본
것과 자기 엄마와 관련된 유대인 의사가 대표적이다. 이 유대인들은 노동과 생체실험에도 이용되었다.

02

능숙단계

질문하기와 종합하기

질문하기와 종합하기란?

학생들의 다양한 생각을 새로운 지식과 결합시키고, 그 생각 속에서 정보를 새롭게 구성하는 읽기 방법이다.

질문은 글을 읽을 때 궁금한 점이나 혼동하기 쉬운 점을 명료하게 정리해 준다. 그중 학생들의 추론적 사고를 이끌어 내어 생각의 폭을 넓힐 수 있는 질문을 '행간을 넘어선 질문'이라고 한다. 행간을 넘어선 질문은 학생의 생각을 촉진시켜 다양한 해석의 답을 가능하게 한다.

이 전략은 학생들이 새로운 각도에서 문제를 제기하고, 그 문제에 대한 답을 종합하여 제시할 수 있는 데 목적을 둔다. 즉 다양한 정보를 통해 생각을 종합하여 자신만의 방식으로 문제를 해결해 가는 데 중점을 둔다.

책을 읽고 활동지에 자신만의 질문과 답을 써 보고, 친구들에게도 의견을 물어보세요.

교사 참고사항

1 이번 수업은 글을 더 깊이 읽기 위해 여러 전략 방법을 연계해 보는 활동이다. 교사는 '질문하기와 종합하기' 전략을 학생들이 자연스럽게 활용하며 글을 읽을 수 있게 유도해야 한다. 그러기 위해선 교사 자신이 먼저 두 전략을 연계하는 방법을 완전히 숙지한 후 수업에 들어가야 한다.

2 학생들에게 '행간을 넘어선 질문'에 대해 자세히 설명한다. 행간을 넘어선 질문은 답이 정해지지 않은 질문이다. 글에서 답을 찾을 수 있는 단순한 질문이거나 누구나 답을 유추할 수 있는 질문이어선 안 된다. 다양한 해석과 반응을 생각할 수 있는 질문이어야 한다. 교사는 학생들에게 이 점을 꼭 이해시키도록 한다.

'질문하기와 종합하기' 적용 방법

1 지문을 읽은 후, 행간을 넘어선 질문(다양한 해석이 가능한 질문) 하나를 생각해 본다.

2 생각한 질문을 활동지 〈질문〉 칸에 적어 본다. 그런 후 질문에 대한 내 생각을 답을 적는 〈나〉 칸에 적어 본다.

3 내가 작성한 질문을 다른 친구들에게 돌려서 답을 적게 한다. 나도 다른 친구들이 작성한 질문을 받아서 읽고, 내 생각을 적는 〈친구〉 칸에 적어 본다. 이런 활동을 다른 친구에게 한 번 더 반복한다.

4 〈질문〉과 〈생각〉이 모두 완성되었다면, 친구의 생각과 지문에 있는 내용을 종합하여 활동지 〈정보 종합하기〉 칸에 내 생각을 새롭게 정리해 본다.

5 활동지가 모두 완성되었다면, 새롭게 정리한 글을 돌아가며 발표해 본다.

읽기 방법 미리 보기

1 다음은 책 『마당을 나온 암탉』(황선미, 사계절)을 읽고 '질문하기와 종합하기'를 적용한 읽기 방법입니다. 아래 자료를 통해 두 전략을 어떻게 연계하여 활용했는지 방법을 알아 보세요.

Q&A 행간을 넘어선 질문

잎싹은 자신의 알도 아닌 버려진 알을 자기가 낳았던 수십 개의 알 중 하나로 생각하며 어려운 일이 닥쳐도 참고 견뎌냈다. 만약 내가 잎싹이라면 내 알이 아닌 버려진 알도 목숨을 바쳐 지킬 자신이 있겠는가?

질문

친구 1

나는 그 버려진 알에서 생명이 깨어날 때 비로소 그것이 생명이라는 것을 느낄 것 같다. 그것이 알이었을 때 생명이라고 또는 내 자식이라고 느껴지지 않으면, 나의 목숨까지 바쳐 알을 지키지는 않을 것 같다. 그러나 그 알이 내 것이라고 느껴지면, 목숨을 바쳐서라도 알을 지킬 수 있을 것 같다.

친구 2

그 알은 생명이다. 만약 내가 품지 않는다면 하나의 생명이 없어지는 것이다. 하지만 내가 목숨을 바쳐 정성껏 품는다면 작지만 소중한 또 하나의 생명이 탄생하는 것이다. 그러므로 나는 그 알을 목숨을 바쳐 지켜낼 수 있을 것이다.

나

나는 지킬 자신이 있을 것 같다. 그 이유는 내 알은 아니지만 지금까지 고생해 낳은 알을 한 번도 키워 보지 못했기 때문에 버려진 알도 내 알처럼 여길 수 있을 것 같다. 또한 잎싹의 소망도 알을 키우는 것이었다. 그러므로 내 알이 아닌 버려진 알도 키울 수 있다고 생각한다.

생각 (답)

알은 아직 태어나지 않은 생명의 첫 단계이다.

친구 2의 말처럼 자신이 품지 않으면 그 알은 그 자리에서 죽게 되는 것이다. 또한 잎싹의 소망도 알을 키우는 것이다. 자신의 소망을 이룰 수 있는 기회이기도 하니 키워야 하는 것이 마땅하다.

한편으로 친구 1처럼 정이 들고 또는 생명이라고 느낄 때는 목숨을 바쳐서라도 키우겠지만, 자식이라고 느껴지지 않을 때는 목숨을 바치면서까지 지키지는 않을 것이라고 생각한다.

그래도 하나밖에 없는, 또 아직 태어나지 않은 생명이기는 하지만, 우리가 아껴야 하는 생물의 한 마리이므로 최대한 지켜 주어야 한다고 생각한다.

정보 종합 하기

2 선생님과 함께 지문을 읽은 후 '질문하기와 종합하기' 적용 방법을 배워 보세요.

내 이름은 '동그라미'이다. 그러나 아무도 나를 동그라미라고 불러 주지 않는다. 언제인지는 모르지만 내 몸의 한 조각을 잃어버렸다. 그 후로 나를 만나는 이들은 아무도 나를 동그라미라고 부르지 않았다. 난 지금 내 이름을 되찾기 위해 잃어버린 한 조각을 찾아 나서는 길이다.

내 일부분을 잃어버린 순간, 나는 새로운 경험을 했다. 비록 예전처럼 빨리 굴러가지는 못하지만 천천히 가는 방법을 배우게 되었다. 가다가 새로운 이들도 만나게 되었다. 잃어버린 조각을 찾아 나선 첫날, 처음으로 만난 이는 쇠똥구리였다. 그는 열심히 무엇인가 자르고 뭉치고 다듬고 있었다.

"안녕하세요, 아저씨? 저는 동그라미예요."

"동그라미? 그런데 네 모습은 전혀 동그라미가 아닌 것 같은데…. 내가 잘못 알고 있었나?"

"아니에요, 아저씨 말이 맞아요. 저는 지금 동그라미가 아니에요. 그래서 잃어버린 내 한쪽을 찾아 다니고 있어요. 그런데 아저씨는 지금 무엇을 하고 계세요?"

"나? 나는 지금 세상의 더러움을 정리하고 있단다. 누군가 쏟아 낸 배설물을 깨끗하게 치우고 있는 중이지."

"그래요? 그런데… 왜 그 일을 아저씨가 하고 계시죠? 제가 보기엔 별로 기분 좋은 일이 아닌 것 같은데…."

"왜냐고?"

아저씨는 내 질문에 다소 놀란 것 같았다. 지금까지 한 번도 그런 생각을 해 본 적이 없는 것처럼. 그러고는 잠시 생각에 잠겼다.

"나니까. 나니까, 이 일을 하는 거야. 또… 누군가는 해야 되는 일이기도 하고."

뜻밖의 대답에 나는 어리둥절했다. 내가 이상한 반응을 보이자 아저씨는 웃음 띤

얼굴로 말했다.

"그래야, 너처럼 길을 나서는 이들도 있을 테고…."

말을 마친 아저씨는 나를 향해 미소를 지었다. 그러고는 하고 있던 일을 다시 시작했다. 무슨 뜻일까? 알 것 같으면서도 모르겠는 아저씨의 말이 내 가슴에 울렸다. 나는 아저씨와 대화를 더 나누고 싶었다. 하지만 더 이상 방해하면 안 될 것 같았다. 열심히 일하는 쇠똥구리 아저씨와 마지막 인사를 나눈 후, 나는 다시 길을 걷기 시작했다. 걷는 동안 아저씨와의 짧은 대화가 계속 내 머릿속에 남아 있었다.

한참을 걷다 보니 울퉁불퉁한 길에 들어서게 되었다. 빠진 조각이 자꾸 걸려서인지 쉽게 걷지 못했다. 잃어버린 조각을 하루빨리 찾아야 한다는 생각이 더 간절해졌다. 간신히 울퉁불퉁한 길을 벗어나니 달콤한 향이 밀려왔다. 이어 눈앞에 넓은 꽃밭이 펼쳐졌다. 형형색색의 꽃들이 색깔마다 다른 향기를 뿜어내며 멋진 자태를 뽐내고 있었다. 그 모습에 눈이 부셔 우와~ 하는 탄성이 저절로 새어 나왔다.

꽃들 위에는 나비가 나풀거리며 날아다니고 있었다. 그중 호랑나비 한 마리가 옆에 있는 꽃 위로 날아왔다.

"안녕? 난 동그라미야. 지금 잃어버린 내 조각을 찾아 나선 길이야. 혹시 조각을 본 적이 있니?"

"안녕? 동그라미구나. 어딘지 이상하다고 생각했는데, 조각을 잃어버렸구나. 그런데 어떡하지? 네 조각을 못 봤는데…."

"할 수 없지. 너는 어디든 날아다닐 수 있으니 혹시 내 조각을 만나지 않았을까 생각했어. 어쨌든, 자유롭게 날아다니며 노는 네 모습이 참 부러워."

"어머, 그렇게 생각하니? 난 아직 한 번도 놀아 본 적이 없어. 우린 지금 일하는 중이야. 꽃의 꿀을 따먹으면서 열심히 암술과 수술을 수분시키고 있어."

"수분시킨다고?"

"응, 꽃은 스스로 움직일 수 없기 때문에 우리가 이런 일을 해 주지 않으면 살아갈 수 없어. 우리를 통해 씨앗을 퍼뜨리는 거지. 내가 부지런히 이 꽃 저 꽃 위를 날아다니는 이유가 바로 여기에 있어."

"그렇구나. 난 네가 자유롭게 날아다니며 먹고 노는 줄 알았는데, 그게 아니었구나."

"그래, 세상에 사는 이들은 각자 제 할 일을 하면서 서로 돕고 살아. 나는 꽃에게서 꿀을 얻고, 꽃은 나를 통해 한 걸음씩 세상을 향해 뻗어 가지. 만약 우리 중 누구 하나라도 제 할 일을 하지 않는다면, 꽃도 나도 더 이상 살 수 없을 거야."

"…."

"그럼, 이제 난 다른 꽃을 향해 떠나야 해. 나를 기다리는 꽃들이 아주 많거든. 너도 하루빨리 네 조각을 찾길 바라. 그럼, 안녕!"

"안녕!"

나비는 말을 마친 후 다른 꽃을 향해 날아갔다. 그 모습이 찬란한 빛이 되어 내 가슴에 와 닿았다. 눈에 보이는 모든 것이 다 진실이 아니라는 것을 알 수 있었다. 나비와 쇠똥구리와의 만남이 내 가슴을 뛰게 했다. 이제 길을 걷는 것이 즐겁게 느껴졌다. 나는 두근거리는 가슴을 안고 또 다른 이를 향해 출발했다. 물론 잃어버린 조각도 함께 찾기 위해 나아갔다.

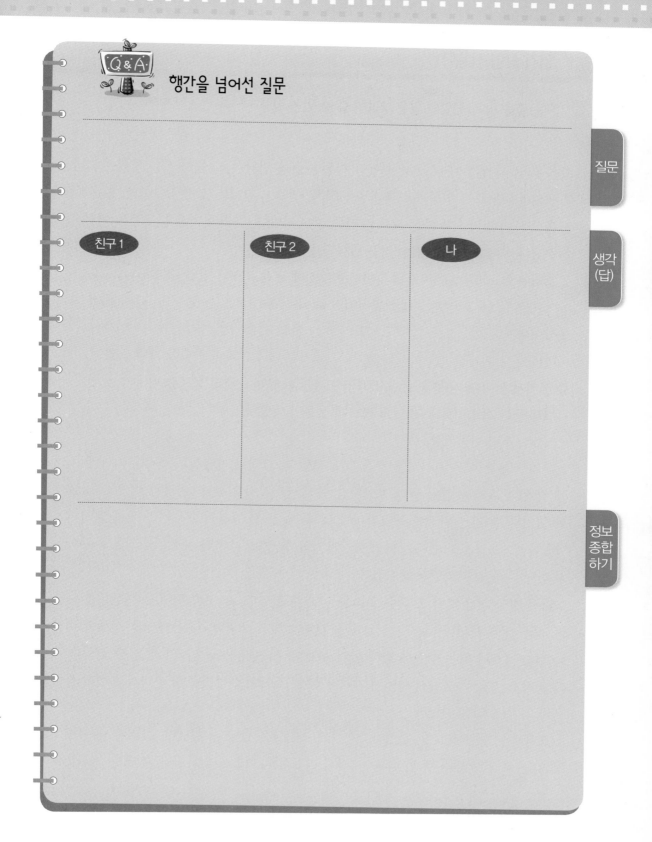

행간을 넘어선 질문

질문

친구1   친구2   나

생각
(답)

정보
종합
하기

3 다음 글을 읽고, 다양한 답을 생각해 볼 수 있는 질문 하나를 만들어 보세요.

길을 떠난 지 열흘이 넘었다. 그동안 많은 이들을 만났다. 그들이 사는 방식은 각양각색이었지만 모두가 함께 어울려 이 세상을 만들어 간다는 것이 신기했다. 많은 이들을 만나면 만날수록 나는 새로운 것을 알게 되었다. 그러나 마음 한구석은 여전히 허전했다. 아직도 잃어버린 조각을 만나지 못했기 때문이다.

그러던 어느 날, 잃어버린 조각이랑 비슷하게 닮은 조각을 만날 수 있었다.

"안녕? 난 동그라미야. 지금 잃어버린 내 조각을 찾고 있는 중이야. 혹시 네가 그 조각이니?"

"안녕? 난 떨어진 조각이라고 해. 나도 너처럼 내 동그라미를 찾아 다니고 있어. 너를 여기서 만나게 되다니…. 이 기쁨을 어떻게 표현해야 될지 모르겠어."

그의 들뜬 목소리를 듣자 나도 모르게 웃음이 나왔다.

"그럼, 우리 한번 맞춰 보자."

우리는 들뜬 마음을 안고 서로를 맞춰 보았다. 그러나 아쉽게도 조각은 나에게 조금 작았다. 우리는 같이 굴러 보았지만 쉽게 굴러지지 않았다. 여전히 빈 공간이 남아 있었다. 우리는 완전한 동그라미가 될 수 없었다. 아쉽지만 우리는 서로 떨어져 나왔다. 그 조각도 아쉽기는 나와 마찬가지인 것 같았다. 우리는 서로의 짝을 하루속히 만날 수 있길 바라면서 헤어졌다.

다시 길을 걷다 보니 또 다른 조각을 만날 수 있었다. 그 조각은 내 몸의 일부분 보다 조금 더 커 보였다. 우리는 서로 몸을 맞춰 보았다. 조각은 내 몸 밖으로 살짝 밀려 나왔다. 혹시나 하는 마음에 같이 굴러 보았다. 하지만 난 균형조차 잡을 수 없었다. 그 조각도 결국 내 몸에서 떨어져 나왔다. 우리는 아쉬운 작별을 하고 다시 자신의 짝을 찾기 위해 길을 떠났다.

그렇게 며칠을 걷고 또 걸었다. 난 여러 조각들을 만날 수 있었다. 그러나 내 몸에 꼭 맞는 조각을 찾을 수 없었다. 난 점점 지쳐 갔다. 내 조각을 만날 수 있을 거라는 희망도 점점 사라지고 있었다.

그동안 난 여러 이들을 만나면서 좀 더 성숙해진 나를 느낄 수 있었다. 그러나 나의 완전한 성숙은 내 조각을 만나야 비로소 이루어질 것 같았다. 그 날을 생각하며 다시 힘을 냈다.

잃어버린 조각을 향해 그렇게 난 끝도 없는 길을 걷고 또 걸었다. 며칠이 지난 후, 나는 새로운 조각을 만나게 되었다. 그 조각은 이전에 만난 조각들과는 다른 느낌이 났다. 어쩌면 내가 찾고 있는 나의 일부분일지도 몰랐다.

"안녕?" 떨리는 마음으로 새로운 조각에게 다가갔다. 그도 나를 알아보았는지 떨리는 음성으로 대답했다.

"안녕? 이제 네가 진짜 내 동그라미였으면 좋겠어. 난 이미 지쳤고, 더 이상 나아갈 힘도 없어. 만약 너마저 나와 맞지 않는다면, 난 내 동그라미 찾는 일을 포기하고 말 거야."

그의 목소리를 들으니 얼마나 나를 찾아 헤매었는지 보지 않아도 알 수 있었다. 우리는 점점 서로에게 다가섰다. 그리고 떨리는 가슴으로 서로를 향해 몸을 맞췄다. 그 느낌은 말로 설명할 수 없었다. 우리는 서로의 몸에 꼭 맞았다. 우리는 너무나 잘 굴러갔다. 나도 그도 기뻤다. 이제 우리는 완전한 동그라미가 된 것이다. 그렇게 서로를 꼭 안은 채 며칠을 굴러 다녔다. 구르고 또 구르고. 우리만큼 잘 구르는 동그라미가 없을 만큼 우리는 완벽한 동그라미가 되었다.

기쁨에 찬 며칠을 보낸 후, 그도 나도 알 수 없는 감정에 휩싸였다. 우리는 너무나 완벽한 동그라미였지만, 뭔가 허전한 감정이 드는 것은 어쩔 수 없었다. 우린 이제 어느 곳이든 빨리 굴러갈 수 있다. 그러나 천천히 가면서 즐길 수 있는 여유가 사라져 버렸다. 누군가를 만나서 이야기할 수 없었고, 아름다운 경치를 볼 여유도 없었다. 조각을 찾아 헤맬 때는 많은 생각들이 내 머릿속에 가득 차 있었다. 그러나 완벽한 동그라미가 된 지금, 난 아무 생각도 할 수 없었다.

이런 기분은 나만 드는 게 아니었다. 그도 나와 같은 기분을 느끼는 것 같았다. 하지만 서로를 향해 자신의 감정을 말할 수 없었다. 우리는 서로의 몸이었으므로 이런 기분이 드는 것은 잘못이기 때문이다. 그토록 내가 원하던 생활이었기 때문에 더욱 더 내 감정을 표현할 수 없었다. 그래서 그도 나도 완벽한 동그라미로 즐거운 척하며 지내야 했다.

그러나 시간이 지날수록 내 마음은 우울해져 갔다. 겉으로는 활기차 보였지만 우리 둘 모두 마음에 느끼는 슬픔을 부정할 수 없었다. 그렇게 갈등의 며칠을 보낸 후, 그가 먼저 우리 문제에 대해 이야기했다. 잠시 몸에서 떨어져 보자고. 나도 동의했다. 우리는 서로에게서 떨어져 나왔다. 그는 나에게 미안해했다. 나도 그에게 미안했다. 그렇지만 우리는 웃을 수 있었다. 그의 웃음을 보니 내가 원하는 것이 무엇인지 알 수 있었다. 그도 무엇을 원하는지 알 것 같았다.

내 몸의 한 조각과 헤어진 후, 나는 지금 새로운 길을 걷고 있다. 나는 이제 완벽한 내 모습을 원하지 않는다. 그러나 상관없다. 이젠 길을 걸으며 잠시 멈출 수 있다. 생각할 여유도 생겼다. 또 다른 누군가도 만났다. 많은 이들과 대화를 나눴다. 나는 내 인생에 대해 이야기했다. 내가 알게 되었던 모든 것들, 내가 깨닫게 되었던 모든 것들을. 그리고 그들로부터 많은 이야기를 들었다. 내가 알지 못하고 생각하지 못했던 많은 것들을 만남을 통해 얻게 되었다. 이제 완벽한 겉모습은 더 이상 내게 중요하지 않았다. 나는 겉모습과 상관없이 '동그라미'이기 때문이다.

4 자신이 생각한 질문과 답을 활동지 〈질문〉과 〈나〉 칸에 각각 적은 후, 친구에게 내 질문에 대한 답을 적게 하세요. 그런 후에 완성된 친구의 답과 내 생각, 그리고 지문에 있는 내용을 종합하여 다시 한 번 〈정보 종합하기〉 칸에 내 생각을 새롭게 정리해 보세요.

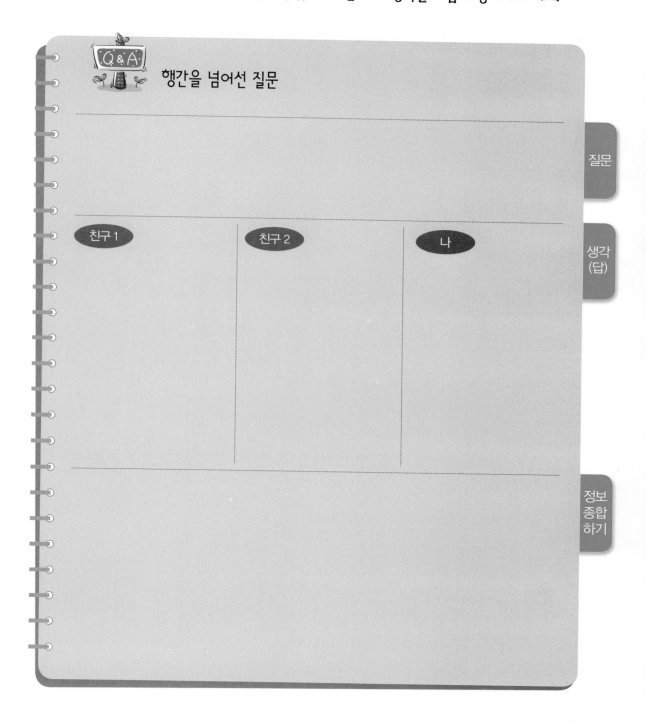

평가하기

5 아래 질문을 통해 오늘 수업을 평가해 보세요.

① 내가 생각한 질문에 다양한 답이 나왔나요?

② 친구의 생각과 내가 제시한 답을 비교해 보세요. 그중 공통점과 차이점은 무엇인가요?

공통점

차이점

③ 활동지 〈정보 종합하기〉 칸에 글을 재구성할 때, 친구의 생각(답)이 글을 작성하는 데 도움이 되었나요?

	행간을 넘어선 질문		
질문	앞싹은 자신의 앞도 아닌 버려진 앞을 자기가 낳았던 수많개의 알중 하나로 생각하며 어려운 일이 닥쳐도 참고 견뎌냅다. 만약 내가 앞싹이라면 내 앞이 아닌 버려진 알도 목숨을 바쳐 지킬 자신이 있겠는가?		
	친구 1	친구 2	나
생각 (답)	나는 그 버려진 앞에서 생명이 깨어날 때 바로 그것이 생명 이라는 걸 느낄것이다. 그것이 알이 없을 때, 생명이라고 ,또는 내 자식이라고 느껴지 않으면 나는 나의 목까지 바쳐 앞을 지키 지는 않을 것이다. 또 나는 그 앞이 내 자식이라고 느낄 때 그것을 지킬수 있을것 같다.	그 알은 생명이다. 만약 내가 품지 않는다 면 하나의 생명이 없어지는 것이다. 하지 만 내가 목숨을 바쳐 정성껏 품는다면 작지 만 소중한 또 하나의 생명이 탄생하는 것이 다. 그러므로 나는 그 알을 목숨을 바쳐 지 켜낼 수 있을 것이다.	나는 가할자신이 앞을 지킵다. 그 이유는 내 앞도 아니지만 그때까지 괜찮베 낳은알도 키워 보지 못했으므로 버려진 알도 자기 알처럼 어길누있을것니다. 또한 앞싹의 모낭도 알을 키우는 것이있으므로 내앞이 아닌 버려진 알도 키울수 있다고 생각한다.
정보 종합 하기	알은 아직 태어나지 않은 생명의 첫단계이다. 친구 2의 알처럼 자신이 품지않으면 그 알은 그 자리에서 죽게 되는 것이다. 또한 앞싹의 모낭도 알을 키우는 것이다. 자신의 모앙을 이룰수 있는 기능이기도 하니 키워야 하는것이 마땅하다. 또, 한편으로는 친구1처럼 정이 들고, 또는 생명이라고 느낄때는 목숨을 바쳐서 키우갰지만 자식이라고 느껴지지 않을때는 목숨을 바쳐서까지는 하지 않을것이라고도 생각을 한다. 그래도 하나밖에 없는 또 아직 태어나지 않은 생명이지만, 우리 생물의 한마리 이니까 지켜간 지켜야 한다고 생각한다.		

행간을 넘어선 질문

질문	잎싹은 자유로운 삶을 추구하기 위해 위험한 일도 저지르고 자신의 친구도 내어주며 결국에는 자기 목숨까지 내놓는다. 그것에 대해 어떻게 생각하는가? 또 자신이 자유로운 것을 원하거나 원하는 것을 추구할 때 어떻게 하는가?		
	친구 1	친구 2	나
생각 (답)	잎싹이 자유로운 삶을 위해 자신의 친구를 내어주었다고 생각하지는 않는다. 그 친구가 죽지 않았더라면 잎싹의 삶은 더 자유로웠을지도 모른다. 하지만 그녀의 삶은 자유로웠고, 그녀는 굉장히 용감한것 같다. 나는 나의 자유를 위해 위험한 일을 저지르지는 않는다. 나는 그것을 바라고 있거나 조용히 대항을 할 뿐이다.	자유로운 삶을 위해 어려움이 닥쳐도 아랑곳하지 않는 잎싹의 모습을 보니 그만큼 자유로운 삶을 바랬던 것 같다. 자신의 소망도 이루지 못하는 그 닭장에서는 누나 목숨을 바칠것이다. 그에 따라 나도 잎싹처럼 '자유'라는 것을 원할때는 지금까지는 안했지만, 목숨을 바칠수있다고 생각한다.	잎싹이 자유로운 삶을 위해 양계장을 탈출하고 소중한 것들의 목숨까지 버리고 많은 위험을 무릅쓰는 것을 보아 잎싹의 소망이 절실하게 느껴진다. 하지만 잎싹에 비해 나는 무엇인가를 원한다고 위험한 일을 저지르거나 다른 이의 희생을 바라지 않는다. 나는 그저 내가 원하는 것이 있다면 그것을 위해 노력한다.
정보 종합 하기	잎싹이 자유로운 삶을 위해 소중한 것과 자기 친구까지 희생했다는 것에 대해 잎싹의 소망을 절실하게 느낄 수 있었다. 물론 친구 1의 말대로 나그네의 목숨을 희생하지 않았다면 더 좋을 수도 있었겠지만 자신이 품고 있는 알을 위해 나그네가 족제비에게 잡아먹힐 때에도 어쩔 수 없이 있었던 것을 보면 그녀가 얼마나 자유를 원했는지를 알 수 있다. 또 내가 잎싹의 상황에 처했을 때 목숨을 바치는 것은 용감하지만 무모한 짓이라고 생각하고 자신이 원하는 것을 위해 기다리거나 노력하는 것이 최선의 방법이라고 생각한다.		

배경지식 활용하기와 추론하기

배경지식 활용하기와 추론하기란?

본문 내용 중 특정한 주제를 뽑아 자신의 배경지식과 연결하여 그 의미를 추론해 보는 읽기 방법이다.

학생들은 글을 읽는 중에도 계속 본문 내용과 배경지식을 관련시키며 글을 읽는다. 이때 생각나는 배경지식은 글의 의미를 추론하여 본문 내용을 쉽게 이해하도록 도와준다.

이 전략은 배경지식을 특정 주제와 관련시켜 합리적인 추론을 할 수 있도록 학생들의 사고를 촉진하는 데 목적을 둔다.

1 이번 수업은 '배경지식 활용하기'와 '추론하기'를 연계하여 학생들이 지문을 더 깊이 생각하고 좀 더 합리적인 추론을 할 수 있도록 도와주는 것이 목표이다. 이 수업은 지문과 관련된 역사적 배경지식이 어느 정도 있어야 읽기 전략을 쉽게 적용할 수 있다. 그러므로 지문과 관련된 역사적 사건에 대해 학생들과 함께 이야기를 나눈 후 수업에 들어가야 한다.

2 학생들이 작성할 활동지의 〈본문 단서〉 칸에 대한 배경지식은 꼭 역사적 사건과 관련되지 않아도 된다. 학생들의 개인적인 경험이나 일반적인 상식 등 본문 단서와 연관시킬 수 있는 내용이라면 어떤 내용이든 상관없음을 학생들에게 말해 준다.

'배경지식 활용하기와 추론하기' 적용 방법

1 지문을 읽으면서 역사적 사건과 관련된 문장들은 모두 밑줄 그어 본다.

2 밑줄 친 문장 중 역사와 관련된 사건 하나를 선택하여 벤다이어그램 ①번 〈백범 일지〉 칸에 정리해 본다.

3 ①번 내용과 관련된 역사 중 내가 알고 있는 배경지식을 벤다이어그램 ②번 〈역사적 사건〉 칸에 정리해 본다.

4 벤다이어그램 ③번 칸에는 실제 주인공이 그 역사에서 어떤 활동을 하였는지 지문에서 찾아 정리해 본다. 만약 본문에 정확한 활동이 명시되지 않았다면, 주인공의 당시 상황을 짐작해서 적어 본다.

5 벤다이어그램이 완성되면, 지문 내용 중 어떤 의미를 추론해 볼 수 있는 내용이나 문장을 활동지 ④번 〈본문 단서〉 칸에 적어 본다.

6 〈본문 단서〉 칸에 정리한 내용을 자신이 알고 있는 지식이나 경험과 연결하여 생각해 본다. 그런 후 생각한 내용을 ⑤번 〈배경지식〉 칸에 정리해 본다.

7 〈본문 단서〉 칸에 정리된 내용이 어떤 의미를 나타내는지를 〈배경지식〉 칸에 정리한 내용과 연계하여 ⑥번 〈추론〉 칸에 정리해 본다.

읽기 방법 미리 보기

1 다음은 『어린이 백범 일지』(장세현 글, 푸른 나무 출판)를 읽고 '배경지식 활용하기와 추론하기'를 적용한 읽기 방법입니다. 아래 자료를 통해 두 전략을 어떻게 연계하여 활용했는지 방법을 알아보세요.

본문 내용과 역사적 사건 비교하기

백범 일지 ①

대한민국 임시정부 11년에 정부 요인들은 김구를 국무령에 추대하였다. 국무령은 임시정부 최고 책임자다. 김구는 한사코 사양하였다. 그러나 아무도 김구의 말을 받아들이려 하지 않았다. 결국 그때부터 임시정부를 맡아 이끌었다.

역사 속 김구 활동 ③

문지기가 되려고 했으나 국무총리가 되었다. 그리고 많은 독립 운동을 펼쳤다.

역사적 사건 ②

• 임시정부 수립
3·1 운동을 계기로 하여 중국 상하이에 문지기가 되려고 대한민국 임시정부를 세웠다. 임시정부를 세운 사람들 중에는 김구, 안중근, 윤봉길 등이 있었다.

배경지식 ⑤	본문 단서 ④	추론 ⑥
김구는 안창호에게 문지기를 하게 해 달라고 부탁했다.	김구는 감옥살이할 때 청소를 하면서 꼭 우리 정부를 세우고 그 청사를 쓸고 유리창을 닦는 문지기가 되게 해 달라는 것이 소원이었다.	김구는 자신의 나라를 깨끗이 하고 싶다는 마음에 문지기를 하겠다고 부탁했을 것이다.
3·1 운동을 계기로 대한민국 임시정부가 세워졌다.	3·1 독립 만세 운동이 일어난 후 김구와 동지들이 모여 대한민국 임시정부를 세웠다.	3·1 운동으로 우리나라 사람들의 애국심을 알 수 있어 그것에 영향을 받아 임시정부를 세운 것이다.
보통 영웅의 어머니는 자식을 엄하게 키웠다.	김구가 감옥에서 나온 후 잔치 자리에 나가 술 마시고 노는 것을 아시고 어머니가 꾸중하셨다.	김구가 독립운동에서 큰일을 할 수 있던 것은 어머니의 노력과 꾸중 때문이었을 것이다.

2 선생님과 함께 지문을 읽은 후 '배경지식 활용하기와 추론하기' 적용 방법을 배워 보세요.

김구, 일본 장교를 살해하다

김구는 며칠 후 안주에 도착했다. 마을에 있는 게시판에는 단발령을 중지하라는 어명이 붙어 있었다. 며칠 전만 해도 정부의 단발령 실시로 유림의 중진 최익현이 거부하다 투옥되었다. 또 경북 안동에서는 아들이 자른 상투를 본 아버지가 비관 자살하는 일도 발생하였다. 이렇게 극심한 반발에도 개혁을 추진하던 정부가 갑자기 단발령을 중지한다는 것이 너무 이상하게 생각되었다.

이유를 알아본 결과, 이완용, 박정양, 이윤용 등 러시아를 등에 업은 세력들이 고종 황제를 러시아 공사관으로 피신시킨 사상 초유의 사태가 일어났다는 것이다. 그들은 김홍집을 필두로 하여 친일관료를 체포하고 처형하였다. 그런 후, 민심을 수습하기 위해 단발령을 비롯하여 민심을 자극하는 개혁을 중지했다는 것이다. 그 소식을 들은 김구는 친일파로 인한 일본 세력도 모자라 러시아 세력까지 우리나라에서 다투는 모습이 한탄스러울 뿐이었다.

김구는 앞으로 나라 안의 사정이 급격히 변할 거라고 판단하였다. 그래서 중국으로 가려는 마음을 바꿔 배를 타고 안악군 치안포로 향했다. 지금 삼남 방면에서 의병 활동이 일어난다고 하니 사태를 주시하면서 나라를 구할 기회를 엿보기로 한 것이다.

강을 건넌 후, 김구는 치안포에 있는 주막에서 하룻밤을 묵게 되었다. 다음 날 새벽 일찍 일어난 김구는 아침상을 기다리고 있었다. 그런데 한복으로 위장한 어떤 사람이 눈에 띄었다. 그 사람은 한복을 입고 있었지만 어딘지 행동하는 모습이 자연스러워 보이지 않았다. 이상하게 생각한 김구는 계속해서 그를 주시하였다.

얼마 후 옆에 앉아 있던 조선 사람이 그 사람에게 말을 걸었다. 그는 자신의 고향은 장연이며 자신은 장사꾼이라고 대답했다. 그 모습을 지켜본 김구는 그가 거짓말을 한다는 것을 바로 알 수 있었다. 비록 겉모습은 조선 한복을 입고 있었고 조선말 또한 능숙했지만, 그 사람이 사용하는 말투가 장연 억양이 아니었기 때문이다. 또 장사꾼이라는 사람의 행동이 군인처럼 절도가 있어 보였다. 자세히 보니 그가 입은 흰 두루마기 밑에 칼도 보였다.

김구는 그 사람이 조선의 왕후를 살해한 일본 낭인일 거라고 짐작했다. 그 당시 명성황후의 갑작스런 시해 소식으로 사람들의 분노는 하늘을 찌르고 있었다. 그 사건을 비교적 잘 알고 있는 러시아 기자에 의하면 명성황후의 죽음에 일본 낭인들이 개입되었다고 한다.

그날 일본 낭인들은 조선의 궁궐을 침투해 국왕의 침전인 곤녕전까지 쳐들어왔다. 갑자기 곤녕전 문을 부수고 들어온 그들은 국왕과 왕세자를 구석으로 내몰았다. 그리고 왕후를 폐출하는 문서에 서명하라고 강요했다. 이뿐 아니라 권총을 쏘아대며 왕후의 거처를 대라고 윽박질렀다.

고종이 끝내 입을 열지 않자 그들은 왕후를 찾기 위해 옥호루(왕후 침실)에 난입했다. 그곳에는 많은 궁녀들이 있었다. 그들은 왕후라고 생각되는 궁녀들을 닥치는 대로 살해했다. 그 과정에서 명성황후가 일본 낭인들에 의해 살해되었다. 그들은 왕후의 시체를 녹원 수풀 속으로 운반하였다. 이어 석유를 끼얹고 장작더미를 쌓은 다음 불을 질렀다. 그렇게 조선 왕후는 타국 낭인들에 의해 비참한 최후를 맞았다.

이 소식을 들은 김구는 일본에 대한 원한이 뼈에 사무치는 것 같았다. 할 수만 있다면 일본의 모든 낭인들을 찾아내 국모의 원수를 갚고 싶었다. 그러나 사건 이후 일본 낭인들이 어디로 사라졌는지 아무도 알 수 없었다. 김구는 여러 정황을 곰곰이 생각해 보았다. 생각을 하면 할수록 사라진 낭인 중 한 명이 변장한 이 사람일 거라는 확신이 들었다.

김구는 그를 죽이기로 결심했다. 지금 바로 덤빈다면 오히려 영문을 모르는 다른 사람들의 개입으로 일을 거리낄 수 있었다. 김구는 먼저 주막집 주인에게 먼 길을 가야 하니 아침밥을 일곱 상 차려 달라고 말했다. 김구의 무리한 요구에 주인장은 그를 미친 사람으로 취급했다. 하지만 김구 입장에서는 큰일을 앞두고 자신의 마음을 먼저 진정시킬 필요가 있었다. 또 주위 사람들에게 힘을 과시하기 위해 그렇게 말했다.

김구는 기회를 본 후, 갑자기 일본 낭인을 걷어찼다. 이어 재빨리 목을 발로 밟았다. 그리고는 몰려오는 사람들을 향해 소리쳤다.

"누구든지 이 왜놈을 위해 내게 덤비는 자는 남김 없이 죽일 것이다."

말이 채 끝나기도 전에 쓰러진 낭인이 칼 빛을 번쩍이며 달려들었다. 얼른 몸을 피한 김구는 낭인의 옆구리를 차서 쓰러트렸다. 그리고 칼을 들어 낭인을 향해 내리쳤다. 낭인은 피를 토한 후 그 자리에서 숨졌다.

김구는 낭인의 짐 꾸러미를 주인에게 가져오라고 한 뒤, 소지품을 샅샅이 조사해 보았다. 짐에는 '일본 육군 중위 쓰치다'라는 징표와 엽전 800냥이 들어 있었다. 김구는 엽전을 동네의 가난한 사람들에게 나누어 주라고 했다. 이어

'국모의 원수를 갚을 목적으로 이 왜인을 타살하였노라. 해주 백운방 김창수'

라는 포고문을 작성하여 길거리 벽에 붙였다. 그리고는 주인에게 가서 군수에게 이 사실을 보고하라고 말한 후 길을 나섰다. 그 후 김구는 일본 경찰에 의해 체포되었다.

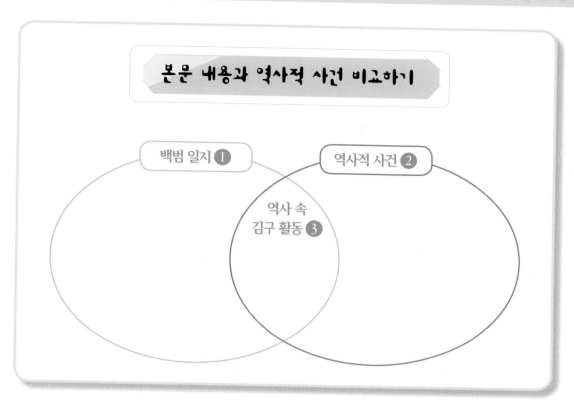

배경지식 **5**	본문 단서 **4**	추론 **6**

3 다음 글을 읽으면서 역사적 사건과 관련된 내용은 모두 밑줄 그어 보세요.

을사조약, 그 후

을사조약 체결로 우리나라는 일본의 지배를 받게 되었다. 일본은 이토 히로부미를 특사로 파견해 우리나라 외교권을 강제로 뺏는 조약을 체결했다. 조약을 맺는 당일, 그들은 일본군으로 하여금 궁궐 안팎을 지키게 했다. 조약은 강압적인 분위기 속에서 진행되었다. 처음에는 고종 황제에게 체결을 강요했다. 황제가 끝내 승낙하지 않자, 이번에는 학부대신 이완용, 외부대신 박제순 등을 내세워 조약을 완성하였다.

이로써 우리나라는 독립국으로서의 지위를 완전히 상실하게 되었다. 황성신문은 조약이 성립하기까지의 굴욕적인 과정을 기사로 폭로했다. 소식을 전해 들은 각 계층의 관리와 유생들의 반대 상소가 빗발치듯 이어졌다. 학생들은 휴학을 단행했다. 전국 방방곡곡에서는 의병이 일어나 일본군과 피비린내 나는 싸움을 시작하였다. 그러나 일본군의 무차별한 진압 앞에 군사적 지식과 기술이 없는 의병들은 도처에서 패하기만 했다.

김구는 당시 진남포 에버트 총무의 자격으로 기독교 모임에 참석하고 있었다. 모임에 참석한 사람들은 이 문제에 대한 애국 운동을 논의하며 서로의 의견을 나누었다. 생각을 모은 결과 다섯 명이 짝이 되어 매일 조정에 상소를 올리기로 결정하였다. 을사조약이 무효가 될 때까지 죽음을 각오하고 싸우기로 결의한 것이다.

다음 날, 대표 다섯 명이 대한문 앞에 나가 상소를 올리고 거리에 있는 사람들을 향해 연설을 했다. 그때 어디선가 일본 순사대가 달려왔다. 그들은 총칼로 위협하며 거리에 있는 사람들을 해산시켰다. 다섯 명은 경찰서로 연행되었다. 소식을 전해 들은 김구와 모임에 있는 사람들은 또다시 종로로 몰려갔다. 그들은 거리를 돌아다니며 연설하기 시작했다. 이번에도 일본 순사가 나타나 칼을 뽑아 들었다. 그 모습을 지켜본 일행 중 한 명이 일본 순사에게 덤벼들었다. 일본 순사는 총을 쏘아댔다. 김구 일행은 깨진 기와 조각으로 순사들과 맞서 싸웠다. 그런데 어디선가 갑자기 나타난 일본군이 김구 일행과 수십 명의 조선인을 잡아갔다.

경찰에 붙잡힌 김구 일행은 이 사건이 사회의 큰 문제로 부각되기를 바랐다. 조선인 모두가 일본의 만행에 저항하는 계기가 되길 원했다. 하지만 그들의 생각과는 달리 일이 흐지부지하게 끝나 버렸다. 사형에 처해질 줄 알았던 그들이 쉽게 풀려났기 때문이다. 또 그들이 올린 상소도 별다른 효과를 보지 못했다.

이번 일을 계기로 김구 일행은 애국 운동에 대한 방법을 다시 한 번 곰곰이 생각했다. 몇몇 사람들의 저항과 반발보다 나라에 대한 국민 의식이 무엇보다 중요하다는 것을 깨닫게 되었다. 세상 물정에 어두운 국민들에게 먼저 교육을 통해 나라의 중요성과 소중함을 알리기로 했다.

그 후 김구는 황해도에 있는 '서명 의숙'에서 교사로 일했다. 이듬해 아는 사람의 초청으로 안악에 있는 양산 학교로 근무지를 옮겼다. 그곳에는 김구와 같은 뜻을 가진 여러 지사들이 신교육에 힘쓰고 있었다. 그들은 당시 교육가로 이름 높은 사람을 학교로 초빙하여 강습회를 열고 있었다. 많은 사람들이 배움을 얻으러 학교로 몰려왔다.

그곳에서 김구도 강연회를 열었다. 많은 조선인들과 일본군 장교, 순사도 참석하였다. 강연을 시작하기 전 김구는 고종 황제의 사진을 강단 정면에 세워 놓았다. 그러고는 모든 사람에게 일어나 고개를 숙이라고 말했다. 김구의 태도에 조선 사람들은 진한 감동을 받았다. 일본 사람들도 어쩔 수 없이 동참했다. 이어 김구는 강제로 주권을 침해한 일본의 잘못을 낱낱이 사람들에게 전했다. 김구의 연설을 듣는 청중들의 얼굴은 일시에 긴장되었다. 일본인들의 눈에는 노기가 가득하였다. 강연회를 강제로 해산시킨 일본 순사는 김구를 경찰서로 끌고 갔다. 많은 조선 학생들이 김구를 위문하러 왔다.

경찰에 감금된 김구는 이튿날 신문 기사에서 일본 이토 히로부미 저격 사건을 보게 되었다. 만주 하얼빈 역에서 이토 히로부미가 의병장 출신 안중근의 총에 사살되는 대사건이었다. 당시 그곳에는 러시아와 청나라의 군악대, 의장대, 각국 외교관들이 나와 있었다. 일본 국민들도 일장기를 들고 환영 행사를 하고 있었다. 그때 러시아군 의장대 뒤쪽에서 총성이 6발 울렸다. 그중 몇 발이 이토 히로부미의 폐와 복부를 명중하였다. 총을 쏜 조선 사람은 안중근이었다. 그는 총을 쏜 후 "대한 만세"를 외치며 달려 나왔다. 안중근은 곧바로 러시아 군인에게 체포되었다.

　김구는 기사를 읽으면서 십몇 년 전 청계동에서 봤던 한 소년을 기억했다. 그는 황해도 해주 출신으로 어려서 한학을 배우고 특히 사냥에 뛰어난 솜씨를 발휘해 명사수로 이름을 날린 사람이었다. 그런 그가 우리나라의 침략 원흉이면서 일본 정계의 최고 정치인인 이토 히로부미를 죽였다는 사실에 가슴이 찡해 왔다.

　이 사건이 있어서인지 김구는 쉽게 풀려나지 않았다. 일본 경찰에서는 김구가 혹시 안중근과 관련이 있지 않은지 조사하고 있었다. 김구 또한 자신이 쉽게 풀려나리라 생각하지 않았다. 그리고 약 한 달 후, 김구는 해주 지방법원으로 압송되었다.

4 밑줄 친 내용 중, 역사적 사건 하나를 골라 벤다이어그램 〈백범 일지 **❶**〉 칸에 정리해 보세요. 〈역사적 사건 **❷**〉 칸에는 **❶**번 칸과 연관된 역사적 내용을 정리해 보세요. 그런 후, 주인공이 그 당시 어떤 활동을 했는지 지문에서 찾아 〈역사 속 김구 활동 **❸**〉 칸에 적어 보세요.

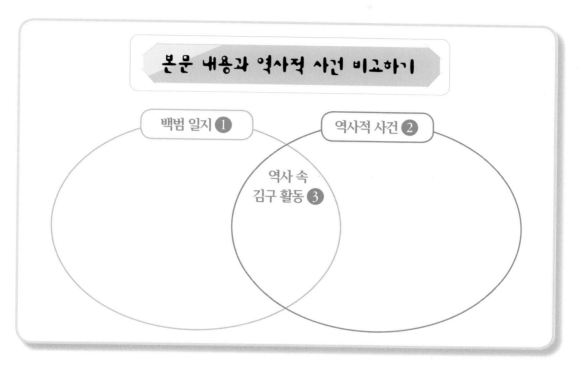

5 지문 내용 중 어떤 의미를 추론해 볼 수 있는 문장이나 내용을 뽑아 〈본문 단서 **❹**〉 칸에 적어 보세요. 그리고 본문 단서와 관련된 지식이나 경험을 〈배경지식 **❺**〉 칸에 적은 후, 본문 단서에서 추론해 볼 수 있는 내용을 〈추론 **❻**〉 칸에 정리해 보세요.

배경지식 ❺	본문 단서 ❹	추론 ❻

 **평가하기**

6 아래 질문을 통해 오늘 수업을 평가해 보세요.

① 역사적 사건과 관련된 지문 내용을 잘 찾을 수 있었나요?

② 〈본문 단서〉에 정리된 내용을 추론할 때, 내가 알고 있는 배경지식과 연결하는 것이 도움이 되었나요? 만약 아니라면, 그 이유는 무엇인가요?

③ 본문 단서와 배경지식을 연계하여 추론한 활동이 지문 내용을 이해하는 데 도움이 되었나요? 만약 아니라면, 그 이유는 무엇인가요?

줄거리 흐름과 이야기 속의 사건 비교하기

백범 일지 ①

대한민국 임시정부 11년에 정부 요인들은 김구를 국무령이 추대하였다. 국무령은 임시 정부 최고 책임자다. 김구는 한사코 사양하였다. 그러나 아무도 김구의 말을 받아들이려하기 않았다. 결국 그 때부터 임시정부를 맡아 이끌었다.

역사 속의 김구 활동 ③

문지기가 되려고 했으나 국무령이 되었다. 그리고는 많은 독립운동을 펼쳤다.

역사적 사건 ②

°임시정부수립

3·1운동을 계기로 하여 중국 상하이에 대한민국임시정부를 세웠다. 세운 사람들 중에는 김구, 안중근, 윤봉길 등이 있었다.

배경 지식 ⑤	본문 단서 ④	추론 ⑥
김구는 안창호에게 문지기를 하게 해달라고 부탁했다.	김구는 감옥살이할 때 청소를 하면서 꼭 우리 정부를 세우고 그 청사를 쓸고 유리창을 닦는 문지기가 되게 해달라는 것이 소원이었다.	김구는 자신의 나라를 깨끗이 하고 싶다는 마음에 문지기를 하겠다고 부탁했을 것이다.
3·1운동을 계기로 대한민국임시정부가 세워졌다.	3·1 독립만세운동이 일어난 후 김구와 동지들이 모여 대한민국임시정부를 세웠다.	3·1운동으로 우리나라 사람들의 애국심을 알 수 있어 그것을 영향을 받아 임시정부를 세운 것이다.
보통 영웅의 어머니는 자식을 엄하게 키웠다.	김구가 감옥에서 나온 후 잔치 자리에 나가 술 마시고 노는 것을 아시고 어머니가 꾸중하셨다.	김구가 독립운동에서 큰 일을 할 수 있던 것은 어머니의 노력과 꾸중 때문이었을 것이다.

줄거리 흐름과 이야기 속의 사건 비교하기

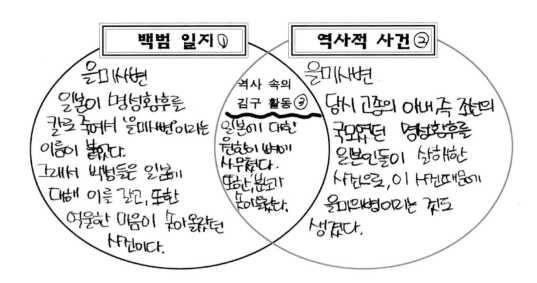

백범 일지 ①		역사적 사건 ②
을미사변 일본이 명성황후를 칼로 죽여서 '을미사변'이라는 이름이 붙었다. 그래서 백성들은 일본에 대해 이를 갈고, 또한 억울한 마음이 쫓아올랐던 사건이다.	역사 속의 김구 활동 ③ 일본이 대한 흉흉이 싸이며 사무쳤다. 또한, 분과 쫓아올랐다.	을미사변 당시 고종의 아버지 즉 정의 국모였던 명성황후를 일본인들이 살해한 사건으로, 이 사변때문에 을미의병이라는 것도 생겼다.

배경 지식 ⑤	본문 단서 ④	추론 ⑥
그런게 을미사변이라는 국모를 죽이는 사건이 일어났었다.	국모(명성황후)의 원수를 갚으려고 김구가 왜놈을 죽였다.	을미사변때 김구가 왜에 대한 원한이 쫓아올라서 죽였을 것이다.
을미사변 막이을 듣고 의병들은 다시 일기났다.	국모의 원수를 갚기위해 왜놈을 죽인것이나 비록 살인자라하더라도 법과 사형이야 시키랴 하는지 사람들의 방문비렸다.	국모의 원수를 갚는일은 나라일이기 때문에 사형은 안시킬것 같기때문인 것이다.
김구는 을미사변, 즉 국모의 처참한 단해에 대해 분과 쫓아올랐다.	"국모마마를 죽인것은 국인에게 무치이다." 라고 김구가 사람들에게 말했다.	김구가 '국인에게 무치'라고 한이유는 궁궐누바가 약해 국모를 지키지 못해서 안트까워 그랬을것이다.

전략 9 · 내적 대화와 중심 내용 결정하기

내적 대화와 중심 내용 결정하기란?

자신의 생각을 주어진 정보와 연결하여 본문을 체계적으로 정리하는 읽기 방법이다. 엄청난 정보의 홍수 속에서 학생들은 올바른 정보를 분별할 줄 아는 비판적 능력이 무엇보다 필요하게 되었다. 특히 다양한 의견과 판단을 요구하는 글은 자신의 생각을 합리적으로 정리하는 연습이 필요하다.

이 전략의 목적은 글을 통해 자신의 생각을 정리하며, 나아가 문제 해결 방법을 찾을 수 있는 능력을 길러 주는 데 있다.

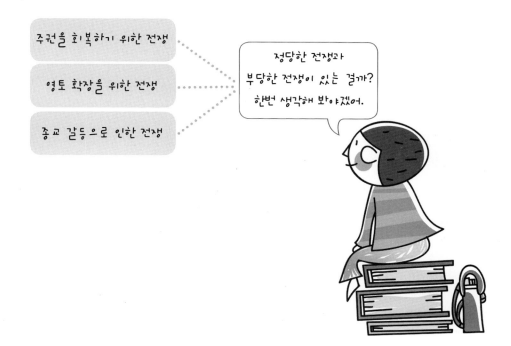

교사 참고사항

1 접착식 메모지를 충분하게 준비한 후, 글을 읽기 전 학생들에게 나눠 준다.

2 교사는 학생들에게 주어진 '토론 주제'를 먼저 이야기한 후 지문을 읽게 한다. 토론 주제를 생각하며 글을 읽게 되면, 글에 대한 집중뿐만 아니라 주제와 관련된 다양한 생각을 보다 쉽게 정리할 수 있게 된다.

'내적 대화와 중심 내용 결정하기' 적용 방법

1 활동지에 제시된 〈토론 주제〉를 생각하며 지문을 읽어 본다. 이때 글을 읽으면서 떠오르는 마음속의 생각들은 접착식 메모지에 적어 본다. 그리고 토론 주제와 관련된 문장이나 단어는 밑줄을 그어 표시해 둔다.

2 지문을 다 읽은 후, 글이 작성된 메모지는 활동지 〈접착식 메모지 붙이는 곳〉 칸에 붙여 준다.

3 토론 주제에 대한 찬성과 반대 의견을 '지문에 표시한 내용'과 '메모지에 작성된 글'에서 찾아, 활동지 〈찬성과 반대에 대한 증거〉 칸에 정리해 본다.

4 메모지에 작성된 글과 찬성과 반대에 정리한 문장을 모두 참고하여 활동지 〈개인적 의견〉 칸에 토론 주제에 대한 내 생각을 적어 본다.

5 활동지가 마무리되면 다른 학생들과 함께 토론하는 시간을 가져 본다.

읽기 방법 미리 보기

1 다음은 존엄사에 대한 자료를 읽고 '내적 대화와 중심 내용 결정하기'를 적용한 읽기 방법입니다. 아래 자료를 통해 두 전략을 어떻게 연계하여 활용했는지 방법을 알아보세요.

접착식 메모지 붙이는 곳

소극적 안락사에 반대한다.
이유 : 생명은 소중한 것이다. 또한 회복의 가능성도 있기 때문이다.

미국의 안락사 인정에 찬성한다.
이유 : 자신의 병 말고 정상적인 장기를 기부하는 것은 선행이기 때문이고 뿌듯함도 느끼기 때문이다.
프랑스의 안락사 인정에 찬성한다.
이유 : 특별할 때는 안락사에 동의하지만 자살할 때는 처벌한다.

의문점 : 안락사는 한자로 安(편안할 안), 樂(즐거울 락), 死(죽을 사)라고 한다. 말 그대로면 안락사는 '편안하고 즐거운 죽음'인데 왜 고통을 당하는 것일까?

의문점 : 안락사에 대한 설문 조사를 하고 그 설문을 하는 네티즌들의 의견으로 한 사람의 운명이 정해지는 일도 있다고 한다. 하지만 자신의 생명을 사람들이 결정하는 것은 말도 안 되는 일이 아닌가?

안락사 : 회복이 불가능한 환자에게 독극물을 주사하는 적극적 행동으로 환자를 죽음으로 이끄는 것이다.
존엄사 : 회복이 불가능한 환자가 인공호흡기와 같은 인공으로 생명을 연장할 때 인공 치료를 중단함으로써 질병에 의해 자연적으로 죽음에 이르게 하는 것이다.

토론 주제	존엄사(안락사)는 인간이 품위 있게 죽을 권리와 더불어 환자 가족의 정신적·물질적 고통을 덜어 주는 일입니다. 아직도 의료계에서 팽팽한 논쟁을 일으키는 존엄사(안락사)에 대한 여러분의 생각을 말해 보세요.

찬성에 대한 증거	반대에 대한 증거	개인적 의견
• 무의미한 의료 행위에 쏟아붓는 의료비 지출이 막대하다. • 사회적으로 무의미한 삶은 가치가 없다. • 생명에 대한 결정권은 환자 본인에게 달려 있다. • 잘못 치료하다가는 더 큰일이 닥쳐올 수도 있다.	• 회복 불가능에 대한 판단을 정확하게 할 수 없다. • 사람의 몸속 장기를 매매하는 등 상업적인 목적에 악용될 소지가 있다. • 인간 생명에 대한 결정은 신에게 달려 있다.	나는 안락사에 대해 반대한다. 안락사는 회복이 불가능한 환자에게 독극물 등의 약물을 주사하는 적극적 행동으로, 죽음을 이끄는 것이라고 생각한다. 회복이 될 가능성이 적어도 1%라도 있다면 치료를 다하는 것이 인간의 도리라고 생각한다.

읽기 방법 익히기

2 선생님과 함께 지문을 읽은 후 '내적 대화와 중심 내용 결정하기' 적용 방법을 배워 보세요.

사람들은 모두 전쟁을 하면 안 된다고 합니다. 그러나 어쩔 수 없는 상황이 발생할 때는 모두들 전쟁의 필요성에 대해 이야기합니다. 그럼 전쟁은 무엇입니까? 모두가 해서는 안 된다고 말하면서 오늘도 우리들은 전쟁의 위험 속에서 살아가고 있습니다.

인류 역사를 되돌아보면 모두 전쟁의 역사라고 말할 수 있습니다. 원시시대 때부터 지금까지 사람들은 무엇인가를 차지하기 위해서, 또 무언가로부터 보호받기 위해서 전쟁을 합니다.

고대 사람들은 살아가는 터전을 차지하기 위해서 싸웠습니다. 물이 풍부한 강 근처는 농사짓기가 수월합니다. 배를 이용한 수로는 이웃 나라와의 무역을 활발하게 해 줍니다. 강은 적의 공격으로부터도 지켜 줄 수 있습니다.

이런 이유로 강을 둘러싼 전쟁이 끊임없이 되풀이되었습니다. 우리나라 삼국시대에도 누가 강을 차지하는가에 따라 그 나라의 전성기가 달랐습니다. 강은 곧 삶의 질을 말해 주었습니다. 그래서 모두들 큰 강을 차지하기 위해 안간힘을 다했습니다. 대표적인 최근의 예로는 이란과 이라크의 8년 전쟁을 들 수 있습니다.

이란과 이라크 사람들은 알아랍 강을 둘러싸고 끊임없이 분쟁을 하였습니다. 이 강은 메소포타미아 문명인 티그리스 강과 유프라테스 강이 만나는 지점에 위치해 있습니다. 두 나라의 국경선도 이 강을 두고 나눠집니다. 알아랍 강은 배를 타고 나가면 항구를 거쳐 곧장 페르시아 만까지 갈 수 있는 무역의 중요한 요충지입니다. 그래서 두 나라 모두 알아랍 강을 두고 영토 다툼을 했습니다.

강을 둘러싼 다툼은 1975년 '이란의 영토로 협정한다'는 내용을 통해 마무리되는 듯 보였습니다. 그러나 이라크의 정권을 잡은 후세인 대통령은 이란의 혼란스러운 혁명을 틈타 전쟁을 일으켰습니다. 이번 기회에 알아랍 강을 완전히 이라크의 손에 넣기 위해서였습니다. 하지만 전쟁은 대통령의 예상보다 길어졌습니다. 8년이라는 시간 동안 수많은 건물과 송유관이 파괴되었습니다. 50만 명으로 추산되는 사람들이 죽었습니다. 결국 아무런 성과도 없이 전쟁은 끝났습니다. 영토는 전쟁 전과 비교하여 달라진 것이 아무것도 없었습니다. 다만 수많은 사람들이 목숨을 잃었다는 사실 외에는….

사람들은 종교를 위해서도 싸웁니다. 그 대표적인 예가 십자군 원정입니다. 이슬람교로부터 예루살렘 성지 회복을 위해 로마 교황은 십자군을 소아시아에 파병하였습니다. 그는 전쟁 참가자에게는 형벌을 면제해 주겠다고 약속했습니다. 또 참가 도중 사망하는 사람들은 모두 천국으로 가게 된다는 말로 십자군을 모았습니다. 그리스도를 믿는 군중들은 교황의 약속과 종교적 신앙 때문에 전쟁에 참여하게 되었습니다.

그러나 전쟁의 실상은 달랐습니다. 십자군은 예루살렘을 정복한 후 이슬람교도들을 무자비하게 살육했습니다. 난폭한 행동을 자행하며 정복한 도시의 모든 것을 수탈했습니다. 신의 뜻과는 상관없이 사로잡은 현지 주민들을 학살하였습니다. 이런 만행은 이슬람교도들의 증오심만 부채질하는 결과를 낳았습니다. 200년에 걸쳐 일어난 십자군 원정은 이렇게 서로에게 증오만 남긴 채 종결되었습니다.

전쟁은 다른 나라를 정복하려는 야욕을 가진 지도자에 의해서도 일어납니다. 18세기 유럽의 강대국 지도자들은 자신의 나라로 만족하지 못했습니다. 그들은 아프리카와 아시아에 식민지를 건설하여 그 나라에 있는 자원을 빼앗고 싶었습니다. 그곳에 사는 수많은 사람들을 노예로 부리고 싶었습니다. 그들의 야욕은 이후 수많은 아프리카와 아시아 사람들에게 고통을 주었습니다.

이 외 사람들은 서로 다른 이념 때문에 전쟁을 하기도 합니다. 그 대표적인 예가 바로 우리나라입니다. 우리는 같은 민족이지만 정치적 이념이 다르다는 이유로 전쟁을 하게 되었습니다. 물론 우리나라가 남북으로 나눠진 것은 우리 민족의 뜻과는 상관이 없었습니다. 공산주의와 자본주의를 추구하는 소련과 미국이라는 강대국에 의해 일방적으로 두 개의 정부가 생겼으니까요. 하지만 3년 동안 진행된 '한국 전쟁'은 강대국에 의해 어쩔 수 없이 치러야 하는 전쟁이 아니었습니다. 우리 민족이 우리 민족을 침략하는 가장 비참한 전쟁이었습니다.

이 전쟁으로 많은 희생자가 생겼습니다. 국토는 파괴되었고 많은 사람들이 죽었습니다. 전쟁고아도 생겼습니다. 이산가족도 만들어졌습니다. 우리나라에서 진행된 전쟁이었지만, 전쟁이 진행될수록 수많은 나라들이 이해관계에 얽혀 한국 전쟁에 참전했습니다. 누구를 위한 전쟁이었을까요?

한국 전쟁이 끝난 후 모두들 우리나라에서 군대를 철수했습니다. 전쟁 전과 비교해 분단선의 위치가 조금 변했을 뿐 달라진 것은 아무것도 없었습니다. 그러나 우리는 예전의 우리가 아니었습니다. 서로에 대한 불신과 증오만이 한반도를 지배했습니다. 그리고 전쟁의 상처는 아직도 우리 민족의 가슴속에 남아 있습니다.

이렇게 전쟁은 여러 가지 이유로 일어납니다. 모두가 옳지 않다고 생각하는 전쟁이지만, 자신의 의지와는 상관없이 전쟁에 휩쓸리기도 합니다. 그럼 여러분은 전쟁을 어떻게 생각합니까? 나라가 점령당하는 위기에 처했을 때 여러분은 전쟁을 해야 한다고 생각합니까? 아니면 전쟁 외에 다른 방법을 찾을 수 있다고 생각합니까? 전쟁으로 인한 피해를 되새기면서 다시 한 번 전쟁에 대해 생각해 봅시다.

접착식 메모지 붙이는 곳

토론 주제	아래 예와 같이 어쩔 수 없는 상황이 발생한다면 전쟁은 하는 것이 옳을까요? 찬성과 반대 의견을 정리한 후, 자신의 의견을 발표해 보세요. ⇒ 예 : 다른 나라가 우리나라 땅 일부를 점령한다면…. 　　　다른 나라가 우리나라 산업 시설을 폭격한다면….

찬성에 대한 증거	반대에 대한 증거	개인적 의견

읽기 방법 적용하기

3 다음 글을 읽으면서 마음속에 떠오르는 생각들을 접착식 메모지에 적어 보세요. 그리고 토론 주제와 관련된 문장은 밑줄을 그어 표시해 보세요.

현재 전 세계에 있는 국경은 어떻게 정해진 것일까요? 각 나라 사람들의 타협과 의견이 반영된 국경일까요? 아니면 누군가에 의해 강제로 정해진 국경일까요?

유럽과 소아시아에 있는 국경선은 제1차 세계대전 후 '베르사유 조약'에서 연합국에 의해 일방적으로 정해진 국경입니다. 제1차 세계대전에 패한 동맹국은 독일을 비롯하여 오스트리아-헝가리 제국, 불가리아, 오스만 투르크 제국입니다. 그들은 영국, 프랑스, 미국 등을 포함한 연합국에 의해 강제로 영토가 나뉘게 되었습니다.

이때 패한 나라들은 아무 말도 하지 못하고 그들의 처방을 받아들여야 했습니다. 하지만 강제로 나눠진 영토로 인해 이후 전쟁의 불씨는 커져만 갔습니다. 오스만 투르크 제국의 일부인 이라크가 대표적인 예입니다. 이라크의 대통령 사담 후세인은 '쿠웨이트 일부 지역이 예전에는 이라크의 땅'이라며 쿠웨이트를 침공했습니다.

그가 쿠웨이트를 침공한 이유는 또 있었습니다. 이란은 이라크와의 8년 전쟁으로 빚더미에 올라앉게 되었습니다. 이때 쿠웨이트는 전쟁 때 꾸어 준 돈을 갚으라고 이라크를 압박했습니다. 사담 후세인은 쿠웨이트의 말에 잔뜩 화가 났습니다. 그렇지 않아도 쿠웨이트가 퍼 올리는 석유 때문에 불만이 많았기 때문입니다. 쿠웨이트는 이라크와 사이에 있는 국경 지역에서 석유를 퍼 올렸습니다. 이런 쿠웨이트를 이라크는 곱지 않은 시선으로 바라보았습니다. 쿠웨이트가 석유를 많이 퍼 올리면서 석유 값이 떨어지고 있다고 생각했기 때문입니다.

이라크의 이런 불만은 그동안 계속 주장해 온 영유권 문제로 이어졌습니다. 지금 쿠웨이트에 편입된 바스라 주는 오스만 투르크 시대에는 이라크의 영토였기 때문입니다. 이라크의 영유권 충돌은 처음 1차와 2차 때에는 무력 없이 해결되었습니다. 하지만 1991년 3차 무력 침공은 미국을 비롯한 다국적군의 공격을 불러왔습니다. 미국 또한 전쟁 개입의 직접적인 목적은 석유였습니다. 어쨌든, 각 나라 사람들의 의견과는 상관없이 강제로 나눠진 국경에 대한 문제가 가장 근본적인 이유였습니다.

또 다른 국경 분쟁을 하고 있는 나라는 이스라엘과 팔레스타인입니다. 지금 이스라엘에 사는 민족은 유태인입니다. 이들은 서기 70년에 로마 군대에 의해 나라가 해체되었습니다. 예루살렘에서 쫓겨난 유태인들은 그때부터 전 세계에 흩어져 살았습니다. 하지만 2,000년 가까운 세월 동안 그들은 옛 조상들의 땅을 단 한 번도 잊은 적이 없었습니다.

제1차 세계대전이 끝난 후, 패전국인 오스만 투르크 제국의 영토 중 소아시아에 '터키 공화국'이 들어섰습니다. 그중 지중해 연안 지역은 프랑스가 차지하고, 아라비아 반도 북부 지역은 영국의 통치를 받게 되었습니다. 이곳은 그 당시 팔레스타인으로 불리기도 했습니다. 주민의 약 70%가 아랍인이었고 나머지 30%가 유태인과 기독교 교인이었습니다.

이곳 주민인 아랍인과 유태인들의 갈등은 심각했습니다. 유태인들은 대부분 부유하고 좋은 교육을 받는 환경에서 생활했지만 아랍인들은 그렇지 못했기 때문입니다. 뿐만 아니라 부유한 유태인들은 지속적으로 토지를 사들였습니다. 또한 점점 더 많은 유태인들이 이곳 팔레스타인으로 이주해 왔습니다. 아랍인들의 불안감은 무장 공격과 테러로 표출되었습니다. 팔레스타인은 약탈, 방화, 태업 등 혼란 상태에 빠졌고, 서로에 대한 갈등은 깊어만 갔습니다.

그러던 중 제2차 세계대전이 일어났습니다. 유태인에 대한 대량 학살이 나치에 의해 자행되었습니다. 유태인들은 더 이상 나라가 없이는 어느 곳에서든 안전하게 살 수 없다는 것을 절실히 깨달았습니다. 많은 사람들이 유대 나라를 세우려고 뜻을 함께했습니다. 그들을 '시온주의자'라고 합니다.

제2차 세계대전이 끝난 1947년 4월, 영국 정부는 팔레스타인에서 위임 통치를 끝내고 군대를 철수하겠다고 선언하였습니다. 이 기회를 이용하여 유태인들은 미국과 영국의 지원으로 이스라엘의 독립 국가 수립을 선언하였습니다. 아랍인의 항의가 빗발쳤습니다. 그러나 유엔 총회에서는 '팔레스타인 지역 일부는 유태인이 차지할 권리가 있다.'고 결의문을 통과시켰습니다. 마침내 유대 나라인 '이스라엘'이 탄생하게 되었습니다.

자신들의 터전을 뺏긴 아랍인들과 이웃 나라에 사는 아랍 국가 사람들의 분노는 커져만 갔습니다. 이집트, 레바논, 요르단, 시리아, 이라크 등의 아랍 국가들은 이스라엘이 독립 선언을 하는 그날 이스라엘을 공격했습니다. 그러나 국제 연합의 중재로 전쟁은 이스라엘의 승리로 끝났습니다. 이스라엘은 아랍과 전쟁을 치르는 속에서도 미국과 영국으로부터 유입된 거액으로 균형 잡힌 산업화 계획을 진행하였습니다.

　　이스라엘과 팔레스타인은 그 후 두 차례나 더 전쟁을 벌였고, 결과는 이스라엘의 승리로 끝났습니다. 이스라엘은 그 전쟁으로 요르단 강 서안과 골란 고원까지 영토를 넓힌 후 대대적인 유태인 정착촌을 건설했습니다. 반면 아랍인들은 전쟁 패배에 대한 상실로 자신감을 잃었습니다. 그들은 이제 대외적인 전면전보다 테러 투쟁을 통해 그들의 영토를 지키고자 다짐했습니다. 그래서 끝나지 않은 이스라엘과 팔레스타인의 영토 분쟁은 지금도 계속되고 있습니다.

4 글을 다 읽은 후, 접착식 메모지는 아래 칸에 붙여 주세요. 그런 후 토론 주제와 관련된 찬성과 반대 의견을 밑줄 그은 문장과 메모지에서 찾아 정리해 보세요.

접착식 메모지 붙이는 곳

토론 주제	현재 전 세계 나라 사이에 있는 국경이 지금 그대로인 것이 좋을까요? 아니면 예전 영토를 되찾기 위해 전쟁을 하더라도 빼앗긴 국경을 다시 만들어야 하나요?

찬성에 대한 증거	반대에 대한 증거	개인적 의견

평가하기

5 아래 질문을 통해 오늘 수업을 평가해 보세요.

① 토론 주제를 생각하며 글을 읽을 때, 그와 관련된 정보를 더 많이 생각할 수 있었나요?

_____

_____

_____

② 토론 주제와 관련된 〈찬성과 반대에 대한 증거〉를 쉽게 찾을 수 있었나요? 만약 아니라면, 증거를 찾기 어려운 이유는 무엇인가요?

_____

_____

_____

③ 자신의 생각을 정리하면서 글을 읽는 것이 지문 내용을 이해하는 데 도움이 되었나요? 만약 아니라면, 그 이유는 무엇인가요?

_____

_____

_____

	접착식 메모지 붙이는 곳

소극적안락사에 "반대"한다.
이유: 생명은 소중한것이다.
또한 회복될 가능성도있기때문이다.

의문점
안락사는 한자로 安=편안할 안
樂=즐거울락 死=죽을사 라고
한다. 말그대로면 안락사는
편안하고 즐거운 죽음인데
왜 고통을 당하는 것일까???

의문점: 안락사에 대한 보도조사를
하고 그 보도를 하는 네티즌들의
의견으로 한사람의 운명이
정해진다는 말도 있다더라
한다.하지만 자신의 생명을
사람들이 결정하는것은 말도
안되는 일이 아닌가?

안락사:회복이 불가능한 환자 등에게
독극물을 주사는 적극적 행동으로
환자를 죽음으로 이끄는 것이다.
존엄사:회복이 불가능한 환자가
인공호흡기 같이 인명을
인위적으로 연장하고 인명치료를
중단함으로서 자연스럽게
자연적으로 죽음이 이르게하는것
이다.

미국의 안락사 인정에 "찬성"한다.
이유:자신의 병 말고 정상적인
장기를 기부하는것은 봉사하기
때문이고 봉사함도 느끼기 때문이다.
프랑스의 안락사 인정기
"찬성"한다.
이유:특출할때는 안락사를
동의하지만 자살행위는 처벌
한다.

토론 주제	존엄사(안락사)는 인간이 품위 있게 죽을 권리와 더불어 환자 가족의 정신적·물질적 고통을 덜어 주는 일입니다. 아직도 의료계에서 팽팽한 논쟁을 일으키는 존엄사(안락사)에 대한 여러분의 생각을 말해 보세요.

찬성에 대한 증거	반대에 대한 증거	개인적 의견
○무의미한 의료행위에 쏟아붓는 의료비 지출이 막대하다. ○사회적으로 무의미한 삶은 가치가 없다. ○생명에 대한 결정권은 환자본인에게 달려있다. ○잘못치료하다가는 더 큰 일이 닥쳐올 수도 있다.	○회복불가능에 대한 판단을 정확히 할수없다. ○사람의 몸속 장기를 매매하는 등 상업적인 목적이 악용될 소지가 있다. ○인간생명에 대한 결정은 신에게 달려있다.	나는 안락사에 대해 이렇게 생각한다. 안락사는 회복이 불가능한 환자에게 독극물 등의 약물을 주사하는 적극적 행동으로 죽음을 이끄는 것이라고 생각한다. 회복이 될 가능성도 적게도 1%라도 있을수도 있고 장기기부도 하면 부득하고 변함이므로 반대한다.

접착식 메모지 붙이는 곳		

· 신의 영역보다 중요한 것은 자신의 생각! - 생명 결정권
· 회복 불가능한 상태는 과학적인 검사에 의해 밝혀졌다고 생각한다.

· 존엄사와 자살이 뭐가 다를까?
· 기적으로 가망이 없던 사람이 다시 일어나기에는 드물기 때문에 존엄사에 찬성한다.
· 질병에 의해 자연적으로 죽음에 이름 - 자연

· 안락사가 적극적이든 소극적이든 명백한 살인행위라는 의견에 대해 반대한다.
· 건강과 생명을 인위적으로 훼손 하는 것에 대해 나는 그것이 본인과 자신의 가족의 의사에 따른 것이기 때문에 훼손하는 것이 아니라고 생각한다.

토론	존엄사(안락사)는 인간이 품위 있게 죽을 권리와 더불어 환자 가족의 정신적 · 물질적 고통을 덜어 주는 일입니다. 아직도 의료계에서 팽팽한 논쟁을 일으키는 존엄사(안락사)에 대한 여러분의 생각을 말해 보세요.

찬성에 대한 증거	반대에 대한 증거	개인적 의견
① 생명의 결정권은 신이 아닌 자신과 가족의 결정권에 달려있다. ② 가망이 없는 사람이 살 수 있는 가능성은 드물다. ③ 회복 불가능한 상태는 과학적인 검사에 의해 밝혀졌다긴 생각한다 ④ 자신의 생각이기에 생명을 훼손하는 것이 아니라고 생각한다.	① 생명은 고귀하고 신성하시 때문에 인위적으로 목숨을 끊게 할 권리가 없다 ② 식물인간이 연구에 의해 뇌가 아주 망가지지는 않았다는 것을 알기에 그 사람이 살 수 있다는 희망이 있다. - 회복 불가능에 대한 판단을 명확히 할수 없다.	나는 존엄사에 대해서 찬성한다. 왜냐하면 생명의 결정권은 신이 아닌 자신과 가족의 결정권에 달려있기 때문이다. 반면, 가망이 없는 사람이 살 수 있는 가능성이 드물기 때문이 해도 된다는 의견도 있을 수 있다긴 생각한다.

전략을 활용한 국어 읽기

심화 7

전략을 활용한 국어 읽기란?

지금까지 익힌 읽기 방법을 활용하여 국어 교과와 관련된 글을 학습 목표에 맞추어 활동해 보는 읽기 방법이다.

이 부분은 국어 교과서의 수업 목표에 맞추어 관련 활동을 할 수 있도록 구성하였다. 각 활동은 교과서 관련 지문을 활용한다. 이때 내적 대화, 배경지식 활용하기, 질문하기, 추론하기, 요약하기, 중심 생각 결정하기 전략 중 수업 목표를 실현할 수 있는 전략을 적절히 활용하여 학생들이 흥미를 가지고 적극적으로 읽을 수 있도록 구성하였다.

따라서 학생들은 본 활동을 통해 교과서를 자주적이며 능동적으로 읽는 습관을 형성하게 될 것이다.

 활동 목표

- 사람들이 살아가는 다양한 모습을 이해할 수 있다.
- 인물이 추구하는 삶을 이해하며 읽을 수 있다.
- 바람직하고 가치 있는 삶을 생각할 수 있다.

다음 시를 읽으면서, 머릿속에 떠오르는 생각들을 여백에 적어 보세요.

시험지

시험이 얼마 남지 않은 며칠 전
출제한 문제를 든 선생님의 손에는
운명의 시험지 한 장이
복사기 위에서 바쁘게 움직인다.

며칠 후, 교실 안 학생들의 손에
시험지가 뒤로 뒤로 파도를 타며 넘어간다.
진지한 얼굴로 침을 삼키며 받아 든 시험지에
학생들의 눈이 모아진다.
여기저기서 들리는 작은 한숨 소리
열심히 움직이는 펜과 들썩이는 종이 소리가
교실의 정적을 지배한다.

마지막 종소리를 끝으로
학생들의 희비가 엇갈린다.
펼쳐진 시험지를 보고
누군가는 미소를. 누군가는 울음을.
누군가는 희망을. 누군가는 절망을.
그리고 누군가는 포기를.

학생 가방 속에서 나온 시험지는
또 다른 손으로 옮겨진다.

(뒷면 계속)

시험지를 붙잡고 열심히 분석하는 학원 선생님.
시험 결과에 따라 삶의 무게가 차이 난다.

시험지 한 장에
여러 사람들의 삶이 엉켜 있다.
시험지 한 장이
많은 사람들의 삶을 지배한다.

 내적 대화를 통해 사람들이 살아가는 다양한 모습을 살펴보도록 한다.

2 '한 장의 시험지'가 사람들에게 어떤 의미를 부여하는지 말해 보세요.

....

....

....

....

⊤ 다음 글을 읽으면서 질문이 생기는 문장이나 단어에 표시해 보세요.

외할머니가 이룩한 가정

성수고등학교 1학년 김예슬

조그마한 창문에 비치는 달빛 외에 방 안을 비추는 불빛은 찾을 수 없다. 모두가 잠든 어두운 밤이라는 걸 잠결에 어렴풋이 깨닫는다. 어디선가 들려오는 흐느낌 소리. 언제부터인가 이 시간 때쯤이면 한숨과 함께 들려오는 이 소리가 이제는 생소하지 않다. 잠이 깰 것 같지만 깨면 안 된다. 모르는 척 계속 잠들어 있어야 그 흐느끼는 이도 마음껏 울 수 있을 것이다.

아직 어린 소녀는 무엇이 엄마를 저렇게 흐느끼게 하는지 알 수 없다. 하지만 따라 울고 싶어도 울면 안 된다는 것쯤은 알만큼 이제 철이 들었다. 다만 저렇게 울고 있는 엄마가 어디론가 사라지지 않기를, 영원히 곁에 있어 주기를 간절히 바랄 뿐이다.

이 소녀는 바로 우리 엄마의 어릴 적 모습이다. 외할아버지가 갑자기 고혈압으로 쓰러져 돌아가시고, 외할머니는 39세 나이에 미망인이 되셨다. 남편이 벌려 놓은 모든 빚과 남겨진 네 자녀는 혼자 남은 외할머니의 몫이었다. 제일 큰아이가 초등학교 6학년, 막내가 우리 엄마인 일곱 살이었다. 혼자서 갑자기 가장이 된 외할머니는 앞으로 다섯 식구가 어떻게 살아가야 하는지 너무 막막했을 것이다. 그래서 밤마다 소리 없이 우는 걸로 두려움을 이겨냈을 것이다.

엄마는 어릴 때, 외할머니가 갑자기 사라지지 않을까 매일 가슴 졸이며 살았다고 한다. 외할아버지가 갑자기 돌아가신 뒤, 엄마에게 유일한 안식처는 외할머니였다. 그런 외할머니가 갑자기 사라진다면 엄마는 더 이상 견디거나 버틸 힘이 없었을 거라고 했다. 외할아버지의 부재는 가족들 모두에게 큰 상처를 주었지만, 그래도 외할머니가 있어서 견딜 수 있었다고 한다.

갑자기 가난해진 집안도, 학교 갔다 집에 돌아오면 반겨 줄 사람이 아무도 없는 것도, 도시락에 넣을 마땅한 반찬이 없어 점심 때마다 굶는 것도 모두 참을 수 있었다고 한다. 외할머니가 있었기에 그 모든 것이 조금도 불편하지 않았다고 한다. 외할머니가 잘못될까 봐, 혹 부모 없는 아이가 될까 봐 늘 하나님께 외할머니의 건강을 위해 기도 드렸다고 한다.

외할머니 덕분에 엄마 형제들은 모두 잘 견뎌냈다. 이것저것 안 해 본 일 없이 열심히 살아가는 외할머니를 보며 엄마 형제들은 성실히 살았다. 그렇지 않으면 꼭 외할머니에게 죄짓는 것 같아 열심히 공부했다고 한다. 가끔 외할머니와 엄마가 나누는 대화를 듣고 있으면, 외할머니가 살아온 인생은 보통 사람이 살아가기엔 너무 힘든 인생이었다. 여자 혼자의 힘으로 그 사회를 살아간다는 것이 만만하지 않았다. 금전적인 문제도 컸지만 정신적인 상처도 많았다. 무슨 일을 하든 여자라는 이유로 무시당했다. 자녀들에게 사소한 잘못이 생기면 가장 먼저 외할머니에게 질타가 돌아갔다. 이웃 사람들에게도 가장 만만한 대상은 외할머니였다. 그러나 외할머니는 자식만을 희망으로 삼고 살았기에 모든 것을 묵묵히 참아낼 수 있었다고 한다.

가끔 바른 가정이란 무엇일까 생각할 때가 있다. 예전엔 양쪽 부모님이 아이들을 잘 돌보면서 같이 놀아 주는 가정이 그런 가정일 거라 생각했다. 그러나 외할머니를 보면서 그런 가정만이 바른 가정은 아니라는 생각이 든다. 부모님 중 어느 한 분이 돌아가시거나 이혼을 한다 하더라도, 혼자 계신 부모님이 아이들을 잘 보살핀다면 그런 가정은 다 바른 가정이 될 거라 생각한다.

며칠 전 우리 반 친구 한 명이 학교를 자퇴했다. 그 친구의 부모님은 몇 달 전에 이혼했다. 친구는 엄마와 같이 살았다. 그런데 언제부터인가 학교를 나오지 않을 때가 종종 있었다. 간혹 학교에 와도 다른 애들과 어울리지 않았다. 항상 혼자 있었다. 가끔 심술궂은 남학생이 친구를 괴롭힐 때도 있었다. 그러다 친구가 가출해서 노숙자랑 같이 지낸다는 소문이 돌았다. 며칠 만에 학교에 온 친구는 결국 학교를 자퇴했다. 선생님에 의하면 학교 자퇴를 친구 엄마가 동의했다고 한다.

친구를 생각하면서 우리 외할머니를 떠올렸다. 만약 외할머니가 그 친구 엄마였다면 그렇게 쉽게 학교를 그만두게 했을까? 학교보다 가출을 선택한 자식을 그냥 내버려 두었을까? 분명히 아닐 거라고 생각한다. 어느 부모든지 자식이 잘못되기를 바라는 부모는 없을 것이다. 다만 가정을 그냥 포기해 버리는 부모와 끝까지 지키려고 노력하는 부모가 있을 뿐이다. 그 친구를 생각하니 마음이 아프다. 그동안 두 사람 모두 힘들었겠지만 조금만 더 노력했다면 이런 결과로까지 진행되지는 않았을 것이다.

'바른 가정', 그건 우리 모두가 바라는 가정이다. 그러나 그런 가정을 누구나 쉽게 얻을 수 있는 것은 아닌 것 같다. 부모가 노력하고 자식이 노력해야 이뤄내는 것이 바른 가정일 것이다. 부모가 다 살아 계신다고 바른 가정이 되는 것도 아니고, 혼자서 아이들을 키운다고 문제 있는 가정이 되는 것도 아니다. 자신의 가정을 지키려고 노력하는 부모와 자식이 함께해야 이룰 수 있는 것이 바로 '바른 가정'일 것이다. 40년 세월 동안 많은 고생을 하신 우리 외할머니처럼 그런 희생이 있어야 지켜지는 것이 바른 가정일 것이다. 외할머니의 희생은 지금 좋은 결실로 우리에게 보답하고 있다. 우리 엄마가 그렇고 내가 그렇다. 외할머니의 모습을 보고 자란 누구라도 가정의 소중함이 무엇인지 깨닫게 될 것이다. 그리고 그런 가정을 지키려고 노력할 것이다.

2️⃣ 아래 〈예〉처럼 글에서 표시한 내용을 질문과 답으로 만들어 보세요.

NO	질문	답
1	어린 소녀는 엄마가 울 때 따라 울면 안 된다고 생각했습니다. 그 이유는 무엇입니까?	만약 엄마를 따라 운다면, 그때부터 엄마는 마음 편히 울지 못할 거라고 생각했기 때문에.

3️⃣ 활동지가 완성되면 친구들과 함께 질문하고 답하는 시간을 가져 보세요.

 질문을 통해 사람들이 추구하는 삶에 대해 생각해 본다.

같은 시대를 산 두 인물을 비교한 후, 그들이 시대에 적응하며 살아간 흔적과 추구하는 삶은 무엇인지 알아봅시다.

① 다음 글을 읽고, '이미륵'에 대해 짐작할 수 있는 문장이나 단어를 찾아 〈사실〉 칸에 적어 보세요. 그리고 추측한 결과를 〈추론〉 칸에 정리해 보세요.

휴머니스트 '이미륵'

이미륵은 1899년 3월 8일, 황해도 해주에서 1남 3녀 중 막내로 태어났다. 본명은 '의경'이고, 어릴 때 부르던 이름이 '미륵'이다. 미륵이란 그의 어머니가 아들 낳기를 고대하며 미륵보살을 찾아 백일기도 끝에 낳은 아들이라는 뜻이다.

어린 시절 미륵은 사촌 형 수암과 함께 대부분의 시간을 보낸다. 수암은 쉽게 흥분하고 성격이 급하다. 하지만 그의 진정한 의리와 용기 있는 우정은 미륵에게 순수하고 안정된 정신세계를 갖게 한다.

미륵은 어릴 때 암행어사를 보고 크게 감동한 일이 있다. 숨어서 마을 수령들의 임무를 감시하고, 정의로운 일을 실천하는 어사들의 임무는 어린 미륵에게 무척 매력적으로 느껴졌다. 그리고 앞으로 어떻게 살고 싶은지에 대한 꿈과 포부를 그려 주었다. 겉으로 드러나는 외형보다 숨어서 정의를 실현하는 어사들의 활동이 어린 미륵에게 삶의 방향을 제시해 준 계기가 된 것이다.

미륵은 어린 시절 서당에 다니면서 한학을 공부했다. 그 후 아버지의 권유로 신식 학교에 다니게 된다. 처음에는 낯선 신학문이 어렵기만 했다. 하지만 친구들의 도움으로 새로운 세계를 알게 된 후, 신학문을 동경하게 된다. 특히 서양 과학과 의학에 관심이 많았다. 그 뒤 미륵은 건강이 좋지 않아 학교를 잠깐 쉬게 된다. 그러나 그의 학문적 호기심은 독학을 통해 키워 간다.

미륵이 18세가 되었을 때, 경성 의학 전문학교에 입학하게 된다. 그는 의사의 꿈을 이루기 위해 열심히 공부한다. 그러던 중 1919년 3 · 1 운동에 가담하게 된다. 이후 그는 일본 경찰의 검거를 피해 고향에서 숨어 지낸다. 하지만 일제의 추적과 어머니의 권유로 미륵은 결국 독일로 망명하게 된다.

독일로 건너간 그는 뷔르츠부르크 대학과 하이델베르크 대학에서 의학을 공부한다. 또 뮌헨 대학에서 동물학, 철학 등을 전공하여 박사 학위를 취득한다.

졸업 후에는 전공과는 다른 길을 걷는다. 문학에 관심이 많았던 그는 번역, 잡지 투고, 집필 등 창작 활동에 열중한다. 그러던 중 자일러 교수와의 만남으로 작가적 소질을 발휘할 수 있는 여건이 마련된다. 44세 때, 그래펠핑 문화인 단체의 지식인들과 교류하게 되면서 그의 창작 활동은 점차 범위가 확산되고 차츰 인정도 받게 된다.

처음은 '수암과 미륵'이라는 자전적 소설과 단편들을 몇몇 문예 잡지와 신문에 발표하였다. 그 후 10여 년간 집필해 온 대표적 작품 '압록강은 흐른다'가 출간되면서 독일 문단과 독자들에게 널리 알려지게 된다. 이 작품은 독일 교과서에 실릴 만큼 '독일어로 쓴 가장 훌륭한 책'이라는 호평을 받게 된다.

이미륵의 작품은 한국을 배경으로 하는 풍습이나 전통적인 문화를 소개한 작품들이 대부분이다. 소년 시절 그가 경험한 체험들을 소박하게 그려 냄으로써 동양인의 정신세계를 순수하게 보여 준다. 또 일제 강점기와 한민족의 수난을 있는 그대로 표현함으로써 주변 세계를 담담하게 전달한다.

이미륵은 한국 전쟁이 일어나기 직전인 1950년 세상을 떠났다. 비록 망명 뒤 죽을 때까지 한국 땅을 한 번도 밟지 못했지만, 그의 따뜻한 인간애와 순수한 정신세계는 작품을 통해 우리들에게 전달되고 있다.

사실	추론(해석)
수암의 진정한 의리와 용기 있는 우정은 미륵에게 순수하고 안정된 정신세계를 갖게 한다.	수암은 어린 시절 의리와 용기 있는 태도로 미륵에게 많은 감명을 준 것 같다. 또 미륵과 함께 진정한 우정을 나누면서 순수하고 즐거운 어린 시절을 보낸 것 같다.

2️⃣ 글을 통해 '이미륵'이 추구한 삶은 무엇인지 말해 보세요.

이미륵이
추구한 삶

3 다음 글을 읽고, '헬렌 켈러'에 대해 짐작할 수 있는 문장이나 단어를 찾아 〈사실〉 칸에 적어 보세요. 그리고 추측한 결과를 〈추론〉 칸에 정리해 보세요.

빛의 천사 '헬렌 켈러'

헬렌 켈러는 1880년 6월 27일 미국 앨라배마 주의 북서쪽 투스쿰비아에서 태어났다. 그녀는 18개월까지 건강하게 잘 자랐다. 그러나 19개월 되었을 때 뇌척수막염이라는 병에 걸려 앞을 못 보고 소리도 듣지 못하여 결국 말도 못하게 되었다.

헬렌은 음식을 먹을 때 손으로 집어 먹었다. 만약 마음에 들지 않는 일이 생기면 성질을 부렸다. 손에 잡히는 대로 물건을 집어 던지기도 했다. 헬렌의 이런 태도는 부모를 비롯하여 그 누구도 통제하지 못했다. 헬렌의 생활은 여섯 살 때 애니 설리번 선생님을 만나게 되면서 조금씩 바뀌게 되었다. 처음에는 선생님의 교육 방법이 효과를 보지 못했다. 하지만 선생님의 노력과 헌신으로 헬렌은 사람들과 더불어 사는 새로운 인생을 배우게 되었다.

설리번 선생님의 포기하지 않는 사랑과 헌신의 바탕은 그녀의 불행한 어린 시절에서 찾아볼 수 있다. 설리번은 열 살 때 남동생과 함께 고아원에 보내졌다. 그곳에서 온갖 학대와 고통을 받으며 살아갔다. 그녀는 남동생과 함께였기에 그 모든 고통을 참아낼 수 있었다. 하지만 고아원의 빈약하고 불결한 환경으로 남동생은 병을 이기지 못하고 세상을 떠났다. 그녀 또한 눈병으로 시력을 반쯤 잃게 되었다. 이후 가슴에 커다란 상처를 안고 산 설리번은 퍼킨스 맹아 학교에서 교사로 생활하다 나중에 헬렌의 가정교사로 오게 되었다.

설리번 선생님으로 인해 헬렌은 암흑에서 빛으로 인도되었다. 어둠에 갇혀 아무것도 알지 못했던 헬렌에게 선생님은 손으로 세상과 대화하는 방법을 가르쳐 주었다. 이후 헬렌은 학문에 대한 열정으로 호기심이 강하고, 무엇이든 끊임없이 받아들이는 사람으로 성장하게 되었다.

헬렌은 여덟 살 때 퍼킨스 맹아 학교에 입학하였다. 그곳에서 발성법을 배워 말을 할 수 있게 되었다. 그 후 여동생과 함께 케임브리지 대학 부속 여학교에서 교육을 받았다. 헬렌이 태어나서 처음으로 정상적인 또래 친구들과 함께 지내게 된 것이다. 이 때 헬렌의 나이는 열여섯 살이었다. 여학교에서 열심히 공부한 헬렌은 스무 살에 하버드 래드클리프 대학교에 입학하였다. 시각장애와 청각장애를 가진 사람 중에서 세계 최초로 대학 교육을 받은 사람이 된 것이다. 나중에 헬렌은 우수한 성적으로 대학을 졸업하였다.

대학을 졸업한 후, 그녀는 매사추세츠 주의 시각장애인 교육위원이 되었다. 이때부터 장애인들을 위해 본격적으로 활동을 시작했다. 그녀는 여러 강연을 다니면서 장애인에게 관심을 가지고 도와 달라고 호소했다. 장애인들의 교육과 사회복지시설을 개선하기 위한 기금도 모았다. 헬렌의 노력 덕분에 장애인 복지사업은 이후 조금씩 개선되었다.

이 외에도 헬렌은 여성의 정치 참정권과 어린이의 노동 반대 운동에 앞장섰다. 미국이 제1차 세계대전에 파병을 결정할 때도 반대 운동을 펼쳤다. 그녀의 이러한 헌신적인 노력과 신념은 모든 장애인들에게 희망을 주었다. 그 후 사람들은 헬렌을 '빛의 천사'라고 불렀다. 헬렌의 노력이 마침내 세상에 빛을 보게 된 것이다. 1964년, 헬렌은 미국 최고 훈장인 자유의 메달을 받았다. 4년 후 6월 병상에서 헬렌은 세상과의 마지막 작별을 고했다.

사실	추론(해석)

4️⃣ 글을 통해 '헬렌 켈러'가 추구한 삶은 무엇인지 말해 보세요.

헬렌 켈러가
추구한 삶

5 '이미륵'과 '헬렌 켈러'의 생애를 비교해 보세요.

	이미륵	헬렌 켈러
어린 시절		19개월 때 뇌척수막염에 걸려 눈이 멀고, 귀가 먹어 말하지 못한다. 하지만 여섯 살 때 설리번 선생님을 만나 교육을 받게
고난 극복	의사의 꿈을 이루려고 경성 의학 전문학교에 입학하지만, 3·1 운동에 가담한 후 일본 경찰을 피해 독일로 망명하게 된다.	
활동		
추구하는 삶		

4 작품 속 등장인물이 추구하는 삶을 정리한 후, 여러분이 생각하는 바람직하고 가치 있는 삶은 무엇인지 생각해 보세요.

	등장인물	인물이 추구하는 삶	내가 생각하는 가치 있는 삶
외할머니가 이룩한 삶	외할머니		
외할머니가 이룩한 삶	엄마와 형제들		
휴머니스트 '이미륵'	이미륵		
빛의 천사 '헬렌 켈러'	헬렌 켈러		

활동결과물

5. '이미륵'과 '헬렌 켈러'의 생애를 비교해 보세요.

	이미륵	헬렌 켈러
어린 시절	사촌 수암과 같이 자연과, 어린 시절을 보냈고, 스포와 문학을 배웠다.	19개월 때 뇌척수막염에 걸려 눈이 멀고, 귀가 먹어 말하지 못한다. 하지만 6살 때 설리번 선생님을 만나 교육을 받게 된다.
고난 극복	의사의 꿈을 이루려고 경성 의학 전문학교에 입학하지만, 3·1 운동에 가담한 후 일본 경찰을 피해 독일로 망명하게 된다.	설리번 선생님을 만나서 교육을 받는다. 그런후, 일반 대학교에서 밝반아이들과 함께 정식 교육을 받는다.
활동	박사학위를 받고 난 후, 한국을 배경으로 하는 책을 지어서 독일(개럽) 사람들에게 소개 하였다.	시각 장애인 교육 위원이 되어 장애인을 위한 활동을 한다. 맹농아교육의 복지 사명을 위해 공헌했다. 여성 참정권을 옹호했다. 어린이 노동반대 운동을 펼쳤다.
추구하는 삶	따뜻하고 순수한 인간애를 품는 삶	자신과 같은 장애인에게 희망을 주는 삶

4 작품 속 등장인물이 추구하는 삶을 정리한 후, 여러분이 생각하는 바람직하고 가치 있는 삶은 무엇인지 생각해 보세요.

작품	등장 인물	인물이 추구하는 삶	내가 생각하는 가치 있는 삶
풍금소리	소녀 가장 (누나)	동생들을 보살피고 희생하는 삶	내가 생각하는 가치 있는 삶은 정렬하고 희망을 주는 삶이다. 또한, 따뜻한 인간애와 순수함이 멈추는 삶을 살고 싶다. 희망을 주고, 권위와 신성에 관계 없이 평등하고 평화로운 삶을 살고 싶다.
풍금소리	영선	모르는 사람들에게도 사랑을 베푸는 삶	
없음	이미륵	따뜻한 인간 애와 순수함이 있는 삶	
없음	헬렌 켈러	장애인들도 할수 있다는 희망을 주는 삶	

전략을 활용한 사회 읽기

전략을 활용한 사회 읽기란?

사회 교과에서 제시하고 있는 학습 주제를 주어진 지문을 통해 학생 스스로 활동하고 탐구하여 문제 해결 방안을 찾아 가는 읽기 방법이다.

사회과 학습은 단순히 교과서의 중요한 정보를 읽고 외우는 것이 아니다. 학생들 스스로 다양한 정보를 활용하여 현대 사회의 성격과 특징을 종합적으로 이해하는 데 있다. 나아가 우리 사회가 당면한 문제들에 관심을 가지고, 창의적이며 합리적으로 해결할 수 있는 사고를 기르는 데 목적을 둔다.

따라서 이 전략은 주제와 관련된 다양한 정보를 제시한 후, 학생들 스스로 정보를 읽고 분석하여 정리할 수 있도록 구성하였다. 또 사회생활에서 나타나는 여러 문제점을 제공함으로써, 학생들에게 의사 결정 능력과 사회 참여 능력을 길러 주는 데 초점을 두었다.

 활동 목표

● 청소년의 권리와 의무에 대해 생각할 수 있다.
● 인권 보호 대상자가 겪는 어려움을 생각할 수 있다.
● 인권을 보호하기 위한 해결 방법을 생각할 수 있다.

1 청소년의 권리와 의무에 대해 생각해 봅시다.

☐ 다음 기사문을 읽고, 중요하다고 생각하는 단어나 문장에 밑줄을 긋거나 동그라미로 표시해 보세요.

청소년도 투표권을 달라!

자주읽기 기자 김민정 (문촌초등학교 6학년)

지금까지 대통령 선거는 만 19세 이상의 국민들이 투표권을 갖고 있다. 하지만 정치에 관심이 있는 청소년이 많아지면서 인터넷에 '청소년에게도 투표권을 달라'는 글과 주장들이 많이 올라오고 있다. 이런 가운데 청소년 투표권에 대한 우려의 목소리도 생겨나고 있다. 다음은 청소년 투표권에 대한 의견을 초등학교 6학년들에게 물어본 결과이다.

'아이 러브 투표'라는 카페 가입자 중 한 명인 아이디 '뿌잉뿌잉'은 만 13세도 국민의 한 사람이기 때문에 투표할 권리가 있다고 글을 올렸다. 또 이 카페에서 활동 중인 'JYkim116'과 'syon601'은 만 13세 이상이면 정치에 관심이 있을 뿐만 아니라 사회과 학습에 조금이나마 도움을 주기 때문에 선거권을 가질 권리가 있다고 주장했다. 이외, 정치는 교육에 직접적인 영향을 미치므로 교육 당사자인 청소년이 투표권을 가지는 것은 당연한 일이라는 의견도 있었다.

반면에 몇몇 사람들은 우리나라를 위해 청소년들에게 투표권을 주어서는 안 된다고 말하고 있다. 그중 'haso1909'와 'bestdoris'는 청소년은 나이도 어리고 판단력이 부족해 제대로 된 정치가를 뽑을 수 없다고 이야기한다. 또 몇몇 청소년들은 투표지에 장난을 쳐 제대로 된 투표 결과가 나올 수 없다고 반대 입장을 밝혔다.

이처럼 투표권의 나이 제한에 대한 논쟁은 우리 사회에 다시 한 번 생각해야 할 이슈가 되고 있다. 정부와 국민들은 청소년의 목소리를 어리다는 이유로 그냥 지나쳐 버리는 무심함에서 벗어나야 한다. 청소년들이 무엇을 원하는지, 무엇이 청소년들에게 옳은 일인지, 청소년의 권리를 어느 선까지 인정해 주어야 하는지, 적절한 해결 방법을 제시해야 할 때다.

2️⃣ 표시한 내용을 참고하여 무엇에 대한 내용이며, 여러분의 생각은 어떤지 간단히 말해 보세요.

3️⃣ 앞 활동을 참고하여 활동지에 기사문 주제를 적어 보세요. 그리고 찬성과 반대 의견을 찾아 정리한 후, 여러분의 생각을 〈내 생각〉 칸에 정리해 보세요.

청소년	청소년의 투표권	
주제 (문제 제기)		
	찬성	반대
의견		
내 생각		

4️⃣ 위 활동은 청소년의 권리에 대한 여러분의 생각이었습니다. 그렇다면 청소년이 지켜야 할 의무는 무엇인지 생각해 보세요.

다음 글을 읽으면서 알고 있는 지식이나 경험을 생각나게 하는 연결어(단어나 문장)에 밑줄을 긋거나 동그라미로 표시해 보세요.

우리 모두가 존중받는 사회

인권이란 모든 사람이 인간답게 살아갈 인간 고유의 권리를 뜻한다. 현대 사회에서는 성폭행이나 연쇄살인범 등 죄가 무거운 범인들도 형이 확정되기 전까지는 인권이 보장되어 있다. 그러나 고대나 중세를 살았던 계급사회 사람들에게는 이런 인권이 보장되지 않았다. 특히 스스로를 지킬 힘이 부족했던 아동, 여성, 노예들은 인권 앞에 더 취약했다.

고대 그리스는 노예를 사고팔았다. 노예를 살 때는 가축을 다루듯이 몸의 생김새를 이리저리 살폈다. 특히 여자아이인 경우는 이빨의 건강을 살핀 후 가격을 흥정했다. 그들에게 있어 여자 노예란 일 잘하고 자식을 많이 낳는 재산 증식의 일부일 뿐이었다.

중세는 신의 이름하에 교회의 힘이 사회를 지배하던 시대였다. 부정부패가 만연한 교회는 자신들에게 저항하는 세력을 제거하기 위한 방편이 필요했다. 그것의 하나로 마녀사냥을 했다. 그 가운데 억울한 누명으로 희생된 힘없는 여성이 수없이 많았다.

근대 인권 유린의 최악은 독재자 히틀러에 의해 자행되었다. 인종을 차별하고 유태인 학살을 진행하는 데 있어 합법적인 근거가 필요했던 히틀러는 자신의 의도대로 모든 법을 개정하였다. 그 예로 '뉘른베르크 법'을 통과시켜 유태인 공무 담임권을 박탈하였다. 이 법은 국민이 국가 기관에 소속되어 일을 할 수 있는 기본 권리를 박탈하는 것이다. 또 독일 내에 거주하던 유태인들의 국적을 박탈했으며, 독일인과 유태인의 결혼도 금지시켰다. 이렇게 인종 차별을 비롯하여 국민의 기본 권리를 침해하는 행위들을 합법이라는 전제하에 진행시켰다.

그러나 세계대전이 끝나면서 사람들의 시각은 바뀌기 시작했다. 인간이 태어나

누려야 할 최소한의 권리에 대해 이야기를 나누었다. 그 결과 1948년 유엔 총회에서 '세계 인권 선언'이 채택되었다. 많은 사람들이 인권 보호를 위해 노력한 결실이었다. 그 후 대부분의 나라에서는 이를 최대한 존중하고 보장할 의무를 법으로 정하고 있다.

하지만 21세기인 지금도 저개발 국가에서 행해지는 아동들의 노동 착취는 전 세계의 문제점으로 남아 있다. 파키스탄의 어린이들 중 일부를 예로 들 수 있다. 그들은 양철 지붕 공장 안에서 발이 쇠사슬에 묶인 채 새벽부터 밤늦게까지 카펫을 짜며 강제 노동에 시달리고 있다. 이들은 대부분 가난으로 인해 팔려 왔다. 아이들이 일한 대가는 하루에 고작 1루피로, 우리나라 돈으로 환산하면 25원에 해당된다고 한다.

이 외에도 세계 곳곳에는 전쟁으로 인해 굶주림과 질병으로 고통 받는 사람들이 있다. 차별 대우로 부당한 피해를 입는 사람들도 많이 있다. 우리 주변에도 소년·소녀 가장, 노숙인, 장애인 등 삶을 살아가는 데 어려움을 겪는 사람들이 많이 있다. 그들은 가난과 질병으로부터 고통 받고 있다. 스스로를 지킬 능력이 부족하여 일상생활을 유지하기 힘든 환경에서 살아가고 있다.

인권은 출생과 동시에 지니게 되는 인간 고유의 권리를 말한다. 여기에는 인종이나 성별, 사회적 신분 등에 구애받지 않아야 한다. 누구나 소중하게 대우받고 그 가치를 보장받아야 한다. 어떤 곳에서 무슨 일을 하든지 자유와 권리가 침해받지 않아야 한다. 또 국가 공권력과 같은 커다란 힘에 의해서도 작용되지 않아야 한다.

그러기 위해서 우리는 약한 사람과 소수의 권리를 보호하는 일에 관심을 가져야 한다. 가난한 사람을 업신여기거나 힘이 약한 사람을 억누르는 일은 없어야 한다. 신체나 정신장애를 가진 사람들을 대할 때도 편견을 가지기보다 그들이 가지고 있는 능력과 권리를 인정해야 한다.

사람은 누구나 존중받고 싶어 한다. 평등한 신분과 동등한 권리를 주장하며, 차별받지 않는 삶을 살고 싶어 한다. 하지만 노력하지 않으면 아무것도 이룰 수가 없다. 인권이 보장된 사회가 되려면 우리 모두가 존중하고 존중받는 사회가 되어야 한다.

2️⃣ 지문에서 표시한 연결어(단어나 문장)를 활동지 〈연결 내용〉 칸에 적어 보세요. 그리고 연결 내용과 관련된 지식이나 경험을 〈아는 지식과 연결〉 칸에 정리해 보세요.

배경지식과 연결하기	
연결 내용	아는 지식(경험)과 연결

다음 글을 읽으면서, 생소한 단어에 밑줄을 긋거나 동그라미로 표시해 보세요.

[가] 최근 우리나라에 오는 외국인 근로자가 증가하고 있다. 그들은 주로 중국, 몽골, 필리핀, 인도, 파키스탄, 방글라데시에서 온 사람들이다. 이 외에도 외국인 근로자의 출신국은 점점 다양해지고 있다.

　외국인 근로자가 우리나라에 들어온 계기는 산업 분야가 발전하면서부터이다. 산업은 발전되었지만 고학력 국가인 우리나라 사람들은 힘든 노동직을 기피했다. 그래서 제조업이나 건축업 분야는 항상 인력난에 시달렸다. 이런 문제를 저임금 외국인 노동자로 대체하여 해결하면서 외국인 근로자 수가 기하급수적으로 증가하게 되었다. 그중 노동 허가를 얻은 산업연수생도 있지만, 일부 외국인 근로자들은 불법 체류 상태에서 일하고 있다. 그래서 근로자로서의 정당한 권리를 보호받지 못하는 경우가 많이 발생하고 있다.

[나] 우리나라에 와서 일을 하는 외국인 노동자 수는 해가 갈수록 늘어나고 있다. 이에 정부는 산업연수제도를 시행하여 허가받은 외국인 노동자 외에는 동반 가족의 입국을 금지시켰다. 하지만 장기적으로 국내에 체류하는 외국인 노동자가 늘어나면서 불법으로 국내에 거주하는 외국인 수도 점점 증가하게 되었다.

　불법 체류자가 늘어나면서 그들이 겪는 여러 어려움들이 사회 문제로 대두되었다. 대부분 그들은 근로 환경이 좋지 않은 곳에서 근무한다. 하지만 불법 체류로 인해 어느 한 군데 그들의 어려움을 호소할 데가 없다. 또 일을 하다 다치거나 병을 얻어도 제대로 치료받지 못한다. 이보다 더 힘든 것은 그들의 불법 체류를 이용하여 임금을 제대로 지불하지 않는 고용주를 만나는 것이다. 그럴 경우 법에도 호소할 수 없기 때문에 그들이 겪는 고초는 이루 말할 수 없을 정도이다. 이 외에도 그들은 자녀 문제로 힘들어하고 있다.

　외국인 근로자 자녀들은 비록 부모가 출입국 관리법상 불법 체류자가 되더라도 그들은 불법 체류자로 간주되지 않는다. 자녀가 법을 위반한 것은 아니기 때문이다. 하지만 대부분 사회복지나 경제적 여건이 취약한 환경에서 살아가고 있기 때문에 아이들이 겪는 고초는 누구보다 심하다. 특히 그들에게 있어 가장 큰 문제는 교육이다.

현재 우리나라는 외국인 노동자를 위한 법이나 제도가 부족한 상황이다. 그런 취약점을 안고 사는 외국인 노동자에게 우리 사회에 적응하며 살 수 있도록 도와주는 것이 바로 교육이다. 그러나 국내에 불법 체류하는 외국인 노동자들은 그들의 신분 노출을 꺼리기 때문에 자녀들을 쉽게 학교에 보낼 수 없다. 또한 낮은 임금 수준으로 인해 제대로 교육을 받을 수 있는 사설 기관(학원)도 이용하기 어렵다.

유엔의 아동권리협약에는 '전 세계 모든 아동은 인종, 피부색, 언어, 종교 등에 차별을 받지 않아야 한다.'고 명시되어 있다. 우리나라도 아동권리협약의 가입국이기 때문에 불법 체류 외국인 자녀들의 초등학교 입학을 법으로 허용하고 있다. 중학교부터는 청강생 자격으로 학교에 다닐 수 있도록 법적 제도를 대폭 강화하였다.

하지만 문제는 중학교 입학을 각 학교 교장 선생님의 재량에 맡겼다는 것이다. 그렇기 때문에 실제적으로 입학을 허가받는 경우가 매우 드물다고 한다. 혹 중학교를 마치더라도 고등학교를 진학하기 위해서는 유학 비자를 발급받아야 한다. 하지만 발급 절차가 매우 까다로워 현실적으로 진학 가능성이 희박하다.

만약 학교에 입학할 수 있는 상황이 되었다 하더라도 또 다른 어려움이 발생한다. 대부분의 외국인 자녀들은 한국어에 능숙하지 않다. 그렇기에 학습에 상당한 어려움을 겪게 된다. 피부색과 언어 장벽으로 인해 한국 학생들에게 따돌림을 당하는 경우도 일어난다. 이런 어려움들은 교육을 제대로 받을 수 없는 환경을 넘어 아이들의 성격 형성에도 영향을 미친다. 그들은 자신의 언어 능력의 한계를 느끼게 되면서 점차 말수가 줄어든다. 낮은 학교 성적으로 자신감도 잃게 된다. 이런 여러 가지 여건은 결국 외국인 자녀들에게 열등감과 대인 기피 현상으로 이어지게 한다.

4️⃣ 글에서 표시한 단어를 〈단어〉 칸에 적은 후, 단어가 가진 뜻을 짐작하여 〈추론한 의미〉 칸에 적어 보세요. 그리고 추론을 가능하게 한 단어나 문장을 찾아 〈추론을 도와준 단어나 문장〉 칸에 적어 보세요.

생소한 의미 추론하기		
단어	추론한 의미	추론을 도와준 단어나 문장

5 앞글 [가]에 밑줄 친 사례에는 무엇이 있는지, 글 [나]를 통해 짐작해 보세요. 그밖에 우리 주변에 있는 인권 보호 대상자는 누구이며, 그들이 겪는 어려움과 해결 방법을 생각해 보세요.

인권 보호 대상	겪는 어려움	해결 방법
외국인 근로자 및 자녀들	- 근로 환경이 좋지 않은 곳에서 근무하지만 어려움을 호소할 곳이 없다.	

5. 앞글 가]에 밑줄 친 사례에는 무엇이 있는지, 글 나]를 통해 짐작해 보세요. 그 밖에 우리 주변에 있는 인권 보호 대상자는 누구이며, 그들이 겪는 어려움과 해결 방법을 생각해 보세요.

인권 보호 대상	겪는 어려움	해결 방법
외국인 근로자 및 자녀들	❶ 근로 환경이 좋지 않은 곳에서 근무하지만 어려움을 호소할 곳이 없다. ❷ 일을 하다 다치거나 병을 얻어도 제대로 치료 받지 못한다. ③ 월급이 적어서 대부분 가난하다 ④ 한국어 실력이 부족하여 학습에 어려움을 겪고 있다 ⑤ 말을 잘 못한다는 이유로 따돌림을 당한다 ⑥ 고등학교 때 진학 하려면 유학 비자를 발급받아야 하지만 현실적으로 어려움이 많다	- 외국인 근로자들 의료 보험 제도를 만든다 - 월급을 한국에서 일 하는 사람들과 같게 받게한다 - 학교에서 한국어 반을 따로 만들어 도와준다 - 청강생 이라도 수업을 다 받으면 졸업장을 준다
장애인	① 일상 생활을 하는데 불편하다 ② 혼자서는 다니기 불편하다 ③ 취업하기가 힘들다 ④ 대부분 가난하다	- 장애인을 위한 생활 용품을 많이 만든다. - 장애인 봉사자들을 많이 모으고, 교육 시킨다 - 장애인이 할수있는 일거리를 찾아준다
노숙자	① 집이 없어 길거리에서 잠을 잔다 ② 일거리가 없어 가난하다 ③ 몸이 건강하지 않다 ④ 밥을 제대로 못먹는다 ⑤ 범죄에 대한 위험이 많다 ⑥ 씻을 곳이 없어서 몸이 지저분하다	- 노숙자들이 생활 할수있는 집을 마련 해준다 - 일거리를 찾아준다 - 무료급식소를 만들어 밥을 먹게해준다 - 노숙자들이 다닐수 있는 목욕탕을 만든다

심화 3 전략을 활용한 과학 읽기

전략을 활용한 과학 읽기란?

과학 교과와 관련된 지문을 학생들 스스로 적극적으로 탐구하고 분석하며 읽어 나가는 읽기 방법이다.

　이번 수업은 학생들이 정보를 얻기 위해 단계적으로 사고할 수 있도록 구성하였다. 먼저 학생들은 주어진 자료를 읽기 방법을 통해 중요하고 필요한 정보를 습득한다. 그 속에서 주어진 문제의 원인과 결과를 분석한 후, 적절한 해결 방법을 찾아 간다.

　이 전략은 주제와 관련된 다양한 정보를 통해 학생들 스스로 의문을 제기하고, 그 답을 찾아서 해결 방법을 제시할 수 있는 데 목적을 둔다.

 활동 목표

- 지구에 일어나는 이상 기후 현상에 대해 알아본다.
- 환경 오염의 원인을 알 수 있다.
- 환경 보전을 위한 해결 방법을 제시할 수 있다.

📦 다음 글을 읽고, 엘니뇨 현상이 무엇인지 정리해 보세요.

엘니뇨는 태평양에 위치한 페루와 에콰도르 앞바다에 따뜻한 바닷물이 밀려오면서, 적도 해역의 해수 온도가 주변보다 약 2~10℃ 정도 높아지는 현상이다. 보통 크리스마스 무렵에 발생하지만 통상 3~4년을 주기로 불규칙적으로 나타난다. 아직 정확한 원인은 밝혀지지 않았으나 무역풍과의 상호작용으로 발생한다고 추정하고 있다.

엘니뇨는 스페인어로 '작은 예수' 또는 '사내아이'라는 뜻이다. 이는 크리스마스 직후에 나타나는 현상이어서 붙여진 이름이다. 엘니뇨가 찾아오면 평상시에 건조하던 이 지역은 많은 비가 내린다. 그러면 몇 주 만에 나라 전체가 풍부한 목초지로 변한다. 이때는 가축의 번식 속도가 두 배가 되고 식물이 자라지 않는 곳에서도 목화를 키울 수 있다. 이와 동시에 칠레 남쪽 바다에서는 페루와 에콰도르 해안에 살던 한류성 물고기들이 몰려오면서 어부들에게 행운을 가져다준다.

반면에 다른 지역에서 입는 피해는 심각하다. 엘니뇨가 발생하면 대기 순환의 변화를 가져와 세계 각 지역에 이상 기후를 일으키기 때문이다. 오스트레일리아와 인도네시아의 가뭄과 그로 인한 대형 산불, 미국 서해안의 폭풍과 홍수, 인도의 가뭄과 지역적인 집중 호우 등을 예로 들 수 있다. 지금도 엘니뇨 현상으로 전 세계가 홍수, 태풍, 가뭄 등의 피해를 겪고 있다.

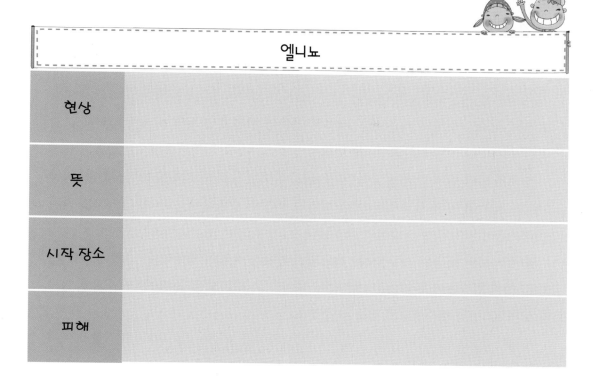

엘니뇨	
현상	
뜻	
시작 장소	
피해	

2️⃣ 다음 사진은 북극해 인근 빙하 손실을 보여 주는 위성사진입니다. 바깥 붉은 선은 1979년 당시 북극해 빙하가 있던 자리입니다. 아래 사진을 통해 지구상에 일어날 변화에 대해 추측해 보세요.

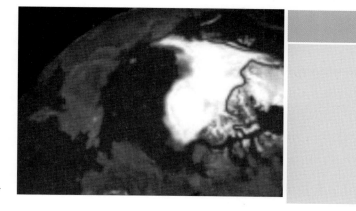

지구에 일어난 변화

3 다음 글을 읽고 지구에 일어난 현상을 정리해 보세요.

최근 지구가 기상이변으로 몸살을 앓고 있다. 러시아는 130년 만에 온 최악의 폭염으로 기온이 38.2도까지 치솟았다. 계속된 가뭄과 산불로 그동안 더위를 경험해 보지 못한 러시아인 1만 5,000명이 사망했다.

영국은 50년 만에 한파가 찾아왔다. 25cm의 폭설은 도시 전체를 마비시켰다. 미국에서도 1890년 이래 최고 기록인 84cm의 눈 폭탄이 쏟아졌다. 기온이 영하 29도까지 내려가면서 얼어 죽는 사람들이 생겨났다.

중국 서북단 신장위구르에서는 45도까지 치솟는 폭염이 발생했다. 그런데 얼마 지나지 않아 함박눈이 쏟아지는 기현상이 일어났다. 일본도 두 달 동안 최악의 폭염이 발생해 503명이 열사병으로 목숨을 잃었다.

우리나라도 마찬가지다. 봄에 발생한다는 황사가 11월에 찾아왔다. 또 3월 말에서 4월까지 이상 저온 현상이 지속되어 기온이 기상 관측 이래 최저로 떨어졌다. 이 외에 9월에 태풍 3개가 연달아 발생하는 기현상도 빚어졌다.

지구에
일어난
현상

2 지구에 일어나는 이상 기후 현상의 원인과 결과를 알아봅시다.

이스터 섬이 황폐해진 원인을 〈사실〉, 〈추론〉, 〈결과〉로 나눠 알아보세요.

칠레 서쪽 남태평양에는 '이스터'라는 섬이 있다. 1722년 3월 네덜란드 탐험가인 J. 로게벤이 부활절(Easter day)에 상륙한 데서 붙여진 이름이다. 이스터 섬의 상징으로 '모아이'라는 석상이 있다. 모아이는 섬을 빙 둘러 해안을 따라 늘어서 있다. 석상의 높이는 20~30m로 무게는 약 20톤이다. 이런 석상들이 얼굴과 몸통 모양으로 약 550개서 있다. 그중 20m에 무게가 50톤이나 되는 석상도 있다. 또 미처 만들지 못한 석상만도 300여개가 널려 있다.

석상은 어떻게 세워졌으며, 누가 왜 만들었는지, 만든 그들은 어디로 사라졌는지 사람들은 의문을 품게 되었다. 노르웨이의 인류학자 헤이에르달은 그 모든 의문을 섬에 전해져 오는 전설에서 찾아보았다.

옛날 이 섬에는 두 종족이 살고 있었다. 한 종족은 귓불에 무거운 추를 달아 귀가 길어진 '장이족', 다른 종족은 상대적으로 귀가 짧은 '단이족'이었다. 그들에게는 종족의 부강을 위해 조상신에게 비는 풍습이 있었다. 그 풍습의 하나가 '모아이'를 세우는 것이었다. 모아이는 종족의 힘을 과시하는 권세를 뜻했다. 처음 그들은 조금 더 큰 모아이를 세우면서 경쟁했다. 그러다가 나중에는 섬의 동쪽과 서쪽으로 갈려 매일 전쟁을 했다. 전쟁으로 섬은 점점 황폐해졌다. 많은 사람들이 죽어 갔다. 농사지을 일손도 부족해졌다. 그럴수록 전쟁은 더 참혹해졌다. 먹을 것이 부족해지자 서로를 죽이기 위해 불을 질렀다. 대량 학살도 서슴지 않았다. 그러다 결국에는 사람을 잡아먹는 식인도 저지르게 되었다. 그들은 그렇게 역사 속에서 사라져 갔다.

사실	추론	결과

2 다음 글을 읽고, 중국의 사막화 원인과 우리나라에 미치는 영향은 무엇일지 생각해 보세요.

중국의 간쑤 성은 3,000~4,000년 전만 해도 숲이 우거지고 땅이 비옥한 대도시였다. 그러나 사람들이 몰려오기 시작하면서 숲은 망가지기 시작했다. 사람들은 집을 짓거나 추위와 식생활을 해결하기 위해 무차별적으로 나무를 베기 시작했다. 나무를 베기만 했을 뿐 심을 생각은 하지 않았다. 결국 숲은 점점 줄어들었다. 숲이 줄어들자 하늘에서 내리는 비의 양도 줄어들었다. 그 후 간쑤 성은 마실 물이 부족해졌다. 시간이 지날수록 땅도 메말라 갔다. 사람들이 하나둘씩 새로운 터전을 찾아 떠나가기 시작했다. 그리고 지금은….

지금 간쑤 성은 약 3분의 2가 사막으로 덮여 있다.

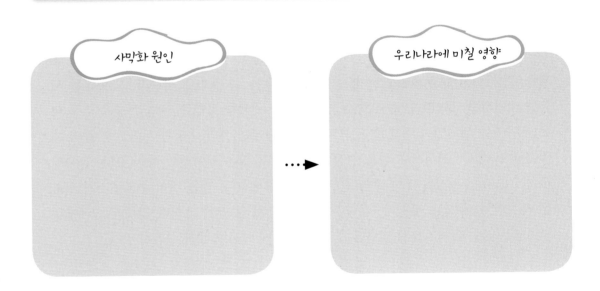

사막화 원인

우리나라에 미칠 영향

3️⃣ 다음 글을 통해 생태계 균형이 무너진 원인과 결과에 대해 정리해 보세요.

1955년, 인도네시아 보르네오 섬에 고양이 낙하산이 투하되다

보르네오 섬에는 말라리아를 전염시키는 모기가 많았다. 모기에 물린 마을 주민들은 높은 열에 시달리다 하나둘씩 죽어 갔다. 이후 마을 사람들은 모기를 없애기 위해 살충제 DDT를 마을 전체에 뿌렸다. 얼마 후 모기가 줄어들었다. 말라리아에 감염된 사람들도 점점 사라져 갔다. 하지만 그 뒤 마을에서는 이상한 일들이 벌어졌다. 마을에 살던 고양이가 갑자기 죽기 시작한 것이다. 또 마을 지붕들이 폭삭 내려앉는 일도 벌어졌다.

추적 결과, 원인은 DDT가 바퀴벌레에 축적되면서 시작되었다. 먼저 살충제가 쌓인 바퀴벌레를 도마뱀이 잡아먹었다. 그러자 얼마 안 가 도마뱀들이 생기를 잃기 시작했다. 그런 도마뱀들이 나방을 제대로 잡지 못하자 나방 유충이 급속도로 번져 나갔다. 유충들은 마을 주택을 갉아먹었다. 그러던 어느 날, 갑자기 마을 지붕들이 무너져 내렸다.

속도가 느려진 도마뱀들은 고양이들의 쉬운 먹잇감이 되었다. 그러나 도마뱀을 잡아먹은 고양이들이 하나 둘씩 죽어 갔다. 고양이가 사라지자 쥐들이 판을 치기 시작했다. 쥐들은 마을 여기저기를 돌아다니며 페스트나 발진티푸스 같은 전염병을 퍼트렸다.

또다시 마을 사람들은 흑사병의 위협 앞에 내몰렸다. 결국 마을에서는 고양이를 외부에서 데려오기로 결정했다. 며칠 후, 영국 공군에 의해 마을에 고양이 낙하산이 투하되었다.

이 사건으로 사람들은 생태계의 미묘한 균형을 깨뜨린 것이 얼마나 엄청난 결과를 가져오는지 깨닫게 되었다. 인간을 위해 만들어진 살충제가 결국 인간들에게 다시 되돌아온다는 교훈을 안겨 주었다.

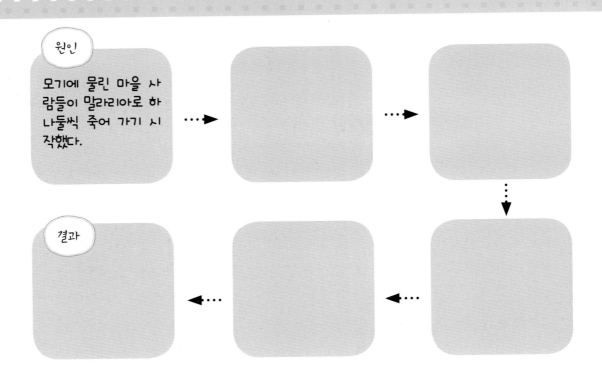

원인

모기에 물린 마을 사람들이 말라리아로 하나둘씩 죽어 가기 시작했다.

결과

④ '질문하기' 전략을 통해 자동차 대기 오염의 문제점과 해결 방법을 알아보세요.

대기 오염의 발생 원인으로는 공장에서 발생되는 오염 물질과 자동차에서 배출되는 오염 물질이 있다. 그중 배기가스는 천천히 달리거나 정차했을 경우 심하게 배출된다. 자동차는 시속 80킬로미터로 달릴 때 오염 물질이 가장 적게 나온다. 그러나 길이 막혀 속력이 떨어지게 되면 오염 물질은 보통 배출량보다 서너 배나 더 많이 배출된다.

공장이 많지 않은 대도시의 경우, 공기를 오염시키는 대표적인 것이 자동차다. 자동차 배기가스에서 나오는 일산화탄소, 질소산화물, 탄화수소가 오염을 일으키는 주범이다. 이 물질들은 도시 공기를 오염시키는 데 70~80%를 차지한다.

이런 오염 물질들은 우리 눈으로 직접 식별할 수 없다. 하지만 장기간에 걸쳐 노출되었을 때 사람들에게 입히는 피해는 심각하다. 특히 노약자나 어린이, 환자들은 대기 오염에 무방비로 노출되어 있다. 대기 오염의 지속적인 노출은 심장 기능이나 폐 기능의 현저한 저하를 불러올 수 있다. 그리고 여러 가지 인체 장애를 일으켜 심장 질환, 호흡기 질환, 암 따위의 질병을 초래할 수 있다.

NO	질문	응답

3 환경 오염을 극복할 수 있는 해결 방법을 생각해 봅시다.

다음 글에서 환경 오염의 해결 방안을 찾아 활동지에 정리해 보세요. 이 외 여러분이 제시할 수 있는 해결 방안과 가정에서 실천할 수 있는 에너지 절약 방법도 생각해 보세요.

함께 풀어 가야 할 지구촌 환경

한수중학교 2학년 변예린

요즈음 사회적으로 큰 이슈가 되고 있는 문제는 환경 오염이다. 자원 개발로 인한 산림파괴, 공장에서 배출되는 이산화탄소, 자동차 배기가스로 인한 대기 오염이 바로 그 예이다. 또한 쓰레기 매립장 건설과 오존 가스의 증가 등도 지구 환경을 위협하고 있다.

인간이 살아가는 데 있어 우선순위가 돼야 하는 것이 삶의 터전이다. 아무리 강하고 유용한 기술을 가지고 있더라도 휴식처가 없으면 모두 무용지물이다. 따라서 현재 우리가 직면하고 있는 환경 오염을 더 이상 모른 척 내버려 두어선 안 된다. 하루빨리 해결책을 찾아 오염된 지구를 다시 쾌적한 환경으로 되돌려 놓아야 한다.

먼저 구체적이고 명확한 숫자를 사용하여 각 나라별로 이산화탄소 배출량을 줄여야 한다. 환경 오염이 더 이상 개인의 문제가 아닌 만큼, 세계적인 관심이 필요한 때다. 국가별로 약속을 하여 이를 실천해야 할 것이다. 대표적인 예로 1997년 12월에 있었던 교토 의정서를 들 수 있다. 교토 의정서는 38개국이 모여 이산화탄소를 줄이자는 목적으로 채택되었다. 이후 온실가스 배출량을 무려 5.2퍼센트나 줄이는 쾌거를 달성했다. 이렇듯 뜻있는 나라가 함께 나서서 환경 문제에 관심을 보인다면, 보다 쉽고 빠르게 환경 문제를 해결할 수 있을 것이다.

두 번째로, 실생활에서 자원을 절약하는 습관을 길러야 한다. 우리는 공무원이 아니기 때문에 정책에 직접적으로 관여하는 일은 할 수 없다. 하지만 눈에 보이는 성과만이 환경을 살릴 수 있는 길은 아니다. 누구든지 생활 속에서 자원을 아낀다면 그것들이 모여 결국 많은 양의 자원을 남길 수 있을 것이다. 예를 들면, 수도꼭지를 항상 잠그는 습관으로 물을 절약하는 것, 에어컨을 비롯하여 가전제품의 사용을 줄이는 것, 쓰지 않는 콘센트는 뽑아 전기를 절약하는 방법 등이다. 이런 일들은 일상생활에서 누구든지 어렵지 않게 실천할 수 있다. 뿐만 아니라 작은 힘이 모여서 큰 힘이 되듯이 자원과 돈을 아끼는 일석이조의 효과를 볼 수 있다.

마지막으로, 재활용을 많이 하고 재활용된 제품을 많이 이용해야 한다. 지구에는 사용할 수 있는 자원이 한정되어 있다. 하지만 인간은 항상 더 많은 자원을 필요로 한다. 이런 인간의 욕구가 줄어들지 않는 이상 언젠가는 지구의 자원들이 다 떨어지는 날이 올 것이다. 그러므로 자원을 여러 번 사용하는 재활용을 생활화해야 한다. 재활용을 한 제품은 실제로 하나의 제품을 고스란히 만든 것보다 에너지 소비가 훨씬 감소된다. 또한 쓰레기도 줄어들어 환경을 지킬 수 있다. 이처럼 생활 속에서 자연스럽게 재활용된 제품을 이용한다면, 새로운 제품을 생산하기 위한 불필요한 자원의 낭비를 막을 수 있을 것이다.

이와 같이 지구 환경과 관계된 모든 것은 우리 실생활 속에서 조금씩 실천할 수 있는 문제들이다. 우리가 살고 있는 이 지구는 우리들만의 것이 아니다. 앞으로 살게 될 우리 후손들의 터전이다. 우리는 지금 잠시 빌려 쓰는 것이다. 깨끗하게 사용하고 유지시켜서 물려주어야 할 우리들의 유산인 것이다. 지금 세계 곳곳에서는 지구 환경에 대한 문제를 '함께 풀어 가는 지구촌 문제'로 바라보고 있다. 단지 목소리만 높여 지구를 살리겠다는 아우성보다 조그만 일이라도 함께 실천하는 행동이 필요한 시점이다. 더 이상 '지구 환경 문제'가 문제가 되지 않도록 우리 모두 관심을 갖고 실천해 가야 한다.

환경 오염 해결 방안	글에서 정리한 해결 방안		
	내가 생각한 해결 방안		
실천 방법	우리집 에너지 절약 방법		

2 다음은 독일의 환경수도 '프라이부르크'를 소개한 글입니다. 아래 예를 참고하여 화석 연료를 대신할 수 있는 에너지는 무엇이 있는지 생각해 보세요. 그리고 미래 환경 도시를 설계한 후, 여러분이 설계한 도시를 소개해 보세요.

독일의 환경수도 '프라이부르크'

독일 남서부에 위치한 프라이부르크는 지역의 43%가 녹지인 숲의 도시이다. 자연을 도시의 일부로 구현하기 위해 도시의 간선도로나 고속도로 주변, 도심 내의 잔디도 가능한 깎지 않고 있다. 풀베기 횟수도 줄이고 있다. 살충제를 비롯한 농약 사용도 금지하고 있다. 녹지대 속에서 살아가는 생태계를 보호하기 위해서다.

아파트 단지 주변에는 호수가 많다. 아파트 건설 때 파낸 웅덩이를 인공 호수로 만들어 공원을 늘렸기 때문이다. 이 외에 친환경 교통 시스템을 정착시켜 대중 교통망과 자전거 도로를 확충했다. 그래서 자동차 이용을 줄여 나가고 있다.

프라이부르크는 에너지 자립 도시로 변화하기 위해 신·재생에너지 이용을 적극적으로 추진하고 있다. 예를 들면, 폐기물은 철저히 분리하여 재사용하거나 재활용한다. 이를 실천하기 위해 폐기물 관리 기본 개념을 만들어 운영하고 있다. 또 태양열을 주 에너지원으로 활용하고 있다. 이처럼 프라이부르크는 철저한 사회환경교육으로 친환경적인 생태 주거단지를 현실화해 나가고 있다.

에너지	태양			
이용 방법	태양열 장치와 태양 전지를 이용한다.			
에너지 효과	온수와 난방으로 사용할 수 있다.			
미래 환경 도시				

 설계는 글이나 그림 어느 것도 상관없으니 활동하기 편한 방식으로 표현한다.

환경오염 해결 방법	**글에서 정리한 해결 방안**
	— 구체적이고 명확한 수치를 사용하여 각 나라별로 이산화탄소 배출량을 줄여야 한다.
	— 실생활에서 자원을 절약하는 습관을 길러야 한다.
	— 재활용을 많이 한다.
	— 재활용된 제품을 많이 이용해야 한다.
	내가 생각한 해결 방안
	— 쓰레기 줄이기
	— 자동차 이용을 줄이고, 가까운 거리는 자전거 이용 또는 걸어다니기.
	— 산이나 집 주변에 나무 많이 심기
	— 도시에 공원 만들기
실천 방법	**우리집 에너지 절약 방법**
	— 밥은 먹을 만큼만 퍼서 먹는다 — 쓸데없는 불은 끄는다
	— 반찬은 먹을 만큼만 만든다. — 난방 사용을 줄이기 위해 내복을 입는다.
	— 가전제품은 필요할 때만 쓴다. — 컴퓨터는 끄거나, 잠깐 사용할때는
	— 전기를 사용하지 않을때는 꺼놓는다. '대기모드'를 시켜놓는다.
	— 빨래를 모아 빤다.
	— 재활용 용품을 많이 사용한다.

에너지	태양	물	바람	쓰레기
이용 방법	태양열 장치와 태양 전지를 이용한다.	수력발전소와 수력장치를 이용한다.	풍차를 이용한다.	쓰레기를 태운 가스와 탄 쓰레기를 이용한다.
에너지 효과	온수와 난방으로 사용할 수 있다.	물이 떨어지는 힘으로 전기를 발생시킨다.	전기를 얻을 수 있다.	석유에서 얻을 수 있는 물질을 얻어 실생활에 사용할 수 있다.
미래 환경 도시	도시에는 쓰레기통이 없다. 사람들은 쓰레기가 중요하다는 것을 알기에 쓰레기를 재생 가능한 봉투 속에 넣고 한 곳 (공장)에 모은다. 따라서 깨끗하며 악취도 없다. 도시의 가장 한 가운데는 공원이 조성되어 있다. 공원을 중심으로 호수와 시냇가가 퍼져있다. 도시전체가 초록빛인 셈이다. 아파트단지는 시내나 호수옆에 자리잡고 있다. 한 아파트단지에 쓰이는 전기가 많기 때문에 전기를 생산할 수 있는 물 옆에 위치한 것이다. 또한 도시는 특수한 도로망을 가지고 있다. 도시의 빠른 문명답게 직선의 길이 많이 있는 것이 아닌 산 주위에서는 구불구불한 길이 나온다. 직선의 길은 산의 생태계 파괴 뿐만 아니라 산의 중심을 빼앗아서 나중엔 심각하면 큰 대형사고로 직결될 수 있기 때문이다. 그리고 도로를 최소화하여 불필요한 경우 없다. 도시에는 많은 주유소가 있다. 당연히 자동차의 발달로 인한 결과다. 자동차의 에너지인 태양력이 밤에는 없기 때문에 운전자들은 주유소에 들러 빛으로 에너지를 충전한다. 마지막으로 도시에는 여기저기하고 이상한 장치들이 여기 보관하고 있다. 이 장치들은 관광과 전기생산 두 개의 일을 책임지고 있다. ★특별히 도시에 있는

☞ Tip : 설계는 글이나 그림 어느 것도 상관없으니 활동하기 편한 방식으로 표현한다.